THE ART OF THE ILLUSION

錯視芸術図鑑
世界の傑作200点

ブラッド・ハニーカット
テリー・スティッケルズ 著

北川 玲 訳

創元社

The Art of the Illusion
Text and Illustrations Copyright © 2012 by Brad Honeycutt and Terry Stickels
Foreword by Scott Kim
Original edition first published by Charlesbridge Publishing, Inc. under the title of The Art of the Illusion

Japanese translation rights arranged with Charlesbridge Publishing, Inc., Massachusetts through Tuttle-Mori Agency, Inc., Tokyo

目次 Contents

序文　スコット・キム ················ 5

はじめに ································ 10

ギャラリー ····························· 19

エピローグ ···························· 220

図画版権 ······························ 221

索引 ···································· 222

序文 Foreword

> 芸術とは我々に真実を気づかせてくれる嘘だ。——パブロ・ピカソ

「錯視芸術図鑑」の世界へようこそ。錯視芸術作品を1冊にまとめた本として、これほど内容豊かで多彩なものは類を見ない。ページをめくると、世界的にその名を知られるオランダのアーティスト、M.C.エッシャーや、古典的なアイデアを新たな方向へと導いている革新的なジャンニ・A・サルコーネの作品に出会える。ホセ・マリア・イトゥラルデといった厳格な芸術家もいれば、北岡明佳のように目のくらむような作品を手がける科学者もいる。また、穏やかな雰囲気の風景画に"何か"をしのばせるロシアのエレーナ・モスカレヴァから、グラフィックによる大胆な謎かけを得意とするマレーシアのイラストレーター、チョウ・ホン・ラムまで、アーティストのスタイルも出身地もさまざまだ。

本書はブラッド・ハニーカットとテリー・スティッケルズが共同執筆している。テリーはパズル・デザイナーだ。「フレームゲーム」、「スティックドク」〔自作の数独〕、新聞のコラム「S-T-I-C-K-E-L-E-R-S」が有名で、本もいろいろ出している。テリーは本書に収録するアーティストを探すため、さまざまな錯視芸術作品を集めたウェブサイトwww.eyetricks.comを経営している博識なブラッド・ハニーカットと手を組んだ。最高のアーティスト、最高の錯視を求めて2人は世界中の作品を見て回った。アーティストの多くはオンライン上にポートフォリオを持っている。本書を見て気に入るアーティストが見つかったら、その人の他の作品もぜひ調べてみてほしい。

テリーと同様、ぼくもパズル・デザイナーだ。テリーとは対等の立場で、長年アイデアをやりとりし励ましあってきた。空間思考を鍛え、問題解決能力を磨けるような独創的なパズルが彼もぼくも大好きなのだ。また、ぼくは錯視芸術も手がけている。だからテリーはこの本を書くと決めたとき、ぼくをアドバイザーのひとりとして招いてくれた。

錯視とパズルは共通するものが多い。どちらも人を楽しませ、好奇心をかき立てる。下の図はぼくがテリーのためにデザインしたロゴで、錯視とパズル両方を兼ねている。色つきの四角形を並べただけに見えるだろうが、よく見ると2つの文字が重なっているのがわかると思う。テリー・スティッケルズのイニシャルTとS、これが錯視だ。では、この図には正方形がいくつ含まれているだろう？ 正方形の大きさは問わない。外枠の大きな正方形も忘れずに数えること。これがパズルだ。（答えはP.220）

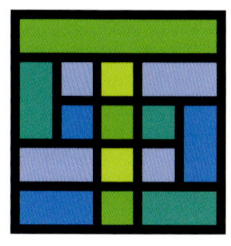

錯視芸術の本はいろいろ出ている。本書が特別なのは、アーティストもスタイルも非常に幅広く扱っているという点だ。さまざまなアーティストが錯視という同じテーマに取り組み、また、同じ仕掛けを使って異なるアイデアを表現しているのを見るのは楽しい。ぼくが好きな作品をいくつかここで比較してみよう。

奥行き

あるアーティストの手にかかると「仕掛け」になり、別のアーティストが扱うと「詩」になる。奥行きがもつ曖昧性の原理に基づいた絵2点を見てみよう。どちらの作品も、近くにあると思えるものと遠くにあるらしいものが互いに接触している。ぼくには両作品とも楽しめるが、楽しいと感じる理由はまったく異なっている。

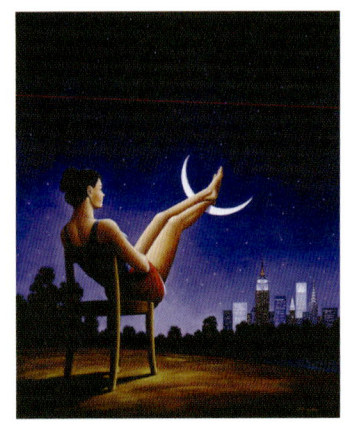

ウィリアム・ホガースのこの古典的な版画には実際にはありえない視覚のトリックがたっぷり詰まっている。まるで3つの丸い舞台で同時に行われるサーカスを見ているような華々しさだ。あっ、ここがおかしい！　あっちもだ！　なんて方法でろうそくに火をつけているんだ！　弾丸が曲がっているではないか！　さあ、トリックをすべて見つけよう！　この作品の主役は「視覚のアクロバット」だ。

ラファル・オルビンスキのこの絵画では、視覚の不可能性はひとつに絞られる。月が本当に三日月の形をしていて足置きに使えるとは、なんたるファンタジーだ！　視覚のアクロバットはあるものの、この作品では補助的な役割でしかない。これを見ていると、パフォーマンス集団シルク・ドゥ・ソレイユを思う。サーカスの伝統的な演技を、部族的な音楽と異世界を思わせる衣装によって神秘的な宇宙の舞いに仕立てあげている集団だ。

階段

錯視芸術で階段はポピュラーな要素だ。本書に少なくとも20回は登場している。階段は視覚の可能性が豊かだからだ。2人のアーティストが階段を使い、まったく異なる雰囲気を作りだすさまを見てみよう。

M.C.エッシャーは重力を無視したこの階段の世界に、人の集団を3つ描いている。どの集団も他の2集団の存在に気づいていない。この作品をじっくり見つめていると、各人がこれからたどる道筋を考えずにいられない。彼らはどう感じているのだろう。慎重に濃淡をつけたグレーと正確に示された遠近法とがあいまって、穏やかな、しかもごくありふれた現実味が醸し出されているが、この現実には奇妙さがつきまとっている。

ジョス・レイスのこの悪夢のような空間では建築構造がむきだしになっている。居住者がいれば暖かみが感じられるのだが、この作品に人はひとりも登場しておらず、どぎつい色づかいに、奥行きのない平坦な感じ、そして永遠に続くような不安に悩まされる。この空間はいったい誰のために作られたのだろう？　階段を上るたびに下に向かっていく。このような「ねじれ」はエッシャーの構造には見られない。

曖昧性

ロブ・ゴンサルヴェスとオクタビオ・オカンポは曖昧な形を生み出す名人だ。両者ともに複数の解釈ができる意味深長な光景を描いているが、見る者の視線の動きは大きく異なる。

この絵でロブ・ゴンサルヴェスは鑑賞者の視線を左から右へと導いている。湖水に映る木々の間隔が大きくなり、徐々に女性へと姿を変えていく。湖から現れ出た女性は列をなして進んでいく。女性に変わる瞬間はどこかと視線を行きつ戻りつさせても、決定的瞬間はわからない。映画のシーンを思わせるような、物語的な効果をもつ作品だ。

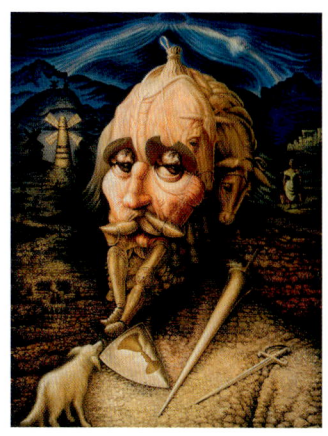

オクタビオ・オカンポのこの絵は、見た瞬間に2つの解釈ができるだろう。鑑賞者は視線を導かれるのではなく、描かれた幾重もの意味を自分の好きなときに掘り下げていける。物語的というよりも、象徴的意味を掘り下げる効果をもつ作品だ。

平面VS立体

平面図形を立体的に見せかける技術は、ルネサンスの時代から芸術家を魅了してきた。二次元と三次元の間で繰り広げられる斬新かつ巧妙な試みを2つご紹介しよう。

 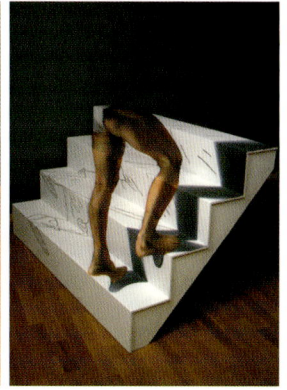

イシュトヴァン・オロスのこの彫刻作品は、鑑賞者の立ち位置によって見た目が異なる。ある視点から見ると、白黒の線が階段を下りていく人の脚に見える。別の視点から見ると、色のついた部分が階段を上っていく人の脚になる。

ニール・ドーソンのこの巨大な作品は二次元と三次元を何度も行き来させるものだ。これは二次元の写真だが、写っているのは三次元の彫刻である。三次元の物体ながら、二次元の線画として描かれている。しかも、この物体は1枚のシートという二次元的なものでありながら、立体的に波打って見える。

アンビグラム

アンビグラムとは別の読み方も可能な言葉のことで、たいていは上下をひっくり返しても読める「さかさま文字」をいう。

ジョン・ラングドン作のこのアンビグラムはこのまま読むと真実（TRUE）だが、さかさにすると虚偽（FALSE）となる。他のアンビグラムでも言えることだが、各文字が複数の機能を果たしている。Uはさかさにすると丸みを帯びたAに、TRUEのEはFALSEでは筆記体のFとなる。さかさにしたとき、文字のパーツが異なる働きをする点に注目したい。Tの横棒の右側は、FALSEのEの飾りとなっている。

ロシアの漫画家ワレンティン・ドゥビーニンのこの作品は、アンビグラムのようにこのままでも、さかさにしても顔として「読める」。ここでも各要素が複数の機能を果たしている。鼻は顎となり（そして顎は鼻となる）、帽子は襟となる。口と耳はそのままだ。さかさにしたとき、顔のパーツは異なる働きをしている。笑って細めた目は顎の輪郭となり、しわの寄った蝶ネクタイはサングラスと閉じた目となる。さかさま文字にしても、さかさ絵にしても、このような優れた作品を創作するには相当の努力が必要だ。

写真

本書に写真が多く使われているのは嬉しい驚きだった。写真を利用した錯視は以前にも見たことがあるが、これほどたくさんあるとは知らなかった。

イシュトヴァン・オロスが美しく描いたこの古典的な階段錯視では、斜線が段の端にも谷折りの部分にも見える。段に影が描かれていない点に注目してほしい。立体感を示すものは階段に座っている人の格好、置かれているもの、そしてその影のみである。

こちらはデイヴィッド・マクドナルドの作品で、左のオロスと同じ階段錯視の写真版だ。階段の右半分は垂直面と水平面が濃淡ではっきり示されているのに対し、左半分は濃淡が薄れ、ほとんど水平面のみのように見える。

新しい工夫

最後に、今後のイノベーションを示唆するような独創的な錯視を2つご紹介しよう。

クリストファー・ダフィー作のこの『シャドウ・チェア』は、ごくありふれたものをはっとするような錯視へと巧みに仕立てあげた作品だ。影の部分がじつは椅子の一部となっている。どの家にもあるものを使って、他にどんな錯視が作れるだろう？　不可能な食器、矛盾した本棚、曖昧なドア？　そんなものが想像できるだろうか？

錯視（オプティカル・イリュージョン）はすでに出尽くした、とあなたは思っているかもしれないが、新たなイリュージョンが毎年見つかっている。フレッド・キングドムのこの作品は2007年の年間ベスト錯覚コンテストで入賞した。2枚の写真はまったく同じものだが、こうして並べてみると右の方が大きく傾いているように見える。いまだに発見されずにいる錯視は他にどんなものがあるのだろう？

スコット・キム

パズル・デザイナー。『Inversions（反転）』の著者

はじめに　Introduction

　不条理を試みる者だけが不可能と思われることを達成できる。これが私の土台なのだと思う……では階段を上って確認してみよう。

　　　　　　　　　　　　　　　　　　　　　　　　　　——M.C.エッシャー（1898−1972）

　すばらしい手品を見て喜ばない人に出会ったことがない。考えてみれば当然だろう。楽しくだまされるのも、なぜころりとだまされたのか知ろうとするのも、この上ない楽しみだからだ。目の前の謎を見破ろうと心の中で必死にまばたきをする、そんな感じだ。実際、私たちにとって錯視（オプティカル・イリュージョン）とは手品そのものだ。ロブ・ゴンサルヴェスが描いた下の絵をじっくり見ていただければ、言わんとしていることがすぐにおわかりいただけよう。

商業の大聖堂　ロブ・ゴンサルヴェス　2004

錯視は広く一般に楽しまれている。楽しみのレベルもさまざまだ。笑って終わりという単純なものもあれば、数学的概念を用いたもの、芸術の域に達しているものもあり、5歳児から105歳まで楽しめる。また、錯視は心理学や神経科学の分野で、脳が異なる画像をどう解釈するかを調べるのに用いられている。哲学でも、実在論の観点から目の錯覚について、我々の知性がいかにしてものを認識するかについての研究がなされている。錯視は自然界でも生じる。沈みゆく太陽は昼間より3倍から4倍も大きく見えるが、実際の大きさは変化していない。

錯視の歴史というと、1960年代のヴィクトル・ヴァザルリ、ブリジット・ライリー、M.C.エッシャーの作品が思い浮かぶだろうが、この時代にいきなり誕生したわけではない。人類は何千年も前から目の錯覚に魅せられ、楽しんでいた。

錯視は山あり谷ありの歴史を経て今日に至っている。ぱっとしない時代、少なくとも芸術や建築の形で表現されたものがほとんどない時代が長く続いた。錯視の最も古い作品はエーゲ海に浮かぶレスボス島で発見された硬貨で、紀元前2500年頃に作られたものだ。右上の写真がそれで、2頭の雄牛が向き合う姿が彫られているのだが、よく見るとオオカミの顔がまっすぐこちらを見つめているようにも見える。

三次元のものを二次元のキャンバスに描きとることが西洋美術の中心であり、シンプルな錯視の中心でもある。芸術家たちはここから一歩進み出て、自分の作ったものがたとえ一瞬でも本物に見えるよう、見る者の目を意図的にあざむこうとし始めた。これは本質的に「二重の」錯視と言える。

タイトル・作者不詳　紀元前2500年頃

つまり、立体のものを平面のキャンバスに描くという時点ですでに目の錯覚が利用されているということだ。意図的な錯視と思われるものが最初に用いられたのは古代ギリシアで、その後ローマ人に受け継がれた。14世紀には別の種類の錯視が人気を集めるようになるが、このタイプはしばらくなりをひそめ、17世紀のオランダで再び日の目を見ることとなり、「トロンプ・ルイユ（だまし絵）」として知られるようになる。フランス語で「目をあざむく」という意味だ。古代ギリシア人は目の錯覚による効果を知っており、建築でも生かしていた。パルテノン神殿などの円柱は遠くから見たときにまっすぐに見えるよう、膨らみをもたせて作られている。また、屋根に正確な傾斜をつけることで、建造物が実際よりもまっすぐに建っているように見えることも彼らは心得ていた。

その後、中世が終わるまでオプティカル・イリュージョンはなりをひそめ、ルネサンス期になって再び花開く。さまざまなタイプの錯視芸術が誕生するのがこの時代だ。線遠近法が開発され、技法として完全に確立する。並行する線が1つと

タイトル不詳　ローレンテ　1630

なり、絵に奥行きをもたせられることがわかったのもこの時代だ。また、色合い、陰影、図形の大きさに変化をつけ、より本物らしい絵が描かれるようになった。さらに、遠近感を出しそれを歪めることで、見る者の脳が2つのまったく異なる図形と認識するような新たな技法も開発された。

　アナモルフォーシス、または「歪像」と呼ばれる技法を初めて用いたのはレオナルド・ダ・ヴィンチで、1400年代末のことだった。この技法で描かれた絵は、見る者がある特定の場所から見るか、円錐状や円柱状、またはピラミッド状の鏡を使わないと正しく見えない。たとえば、極度に歪曲された絵がキャンバスに描かれ、普通に見ると何を描いたものなのか見当もつかないが、ある特定の角度から見ると作者が意図したものが見えるという作品などが挙げられる。アナモルフォーシスはかなりの人気を博し、いかがわしいものや政治的に微妙なメッセージを隠す手段ともなった。その人気は今日でも衰えていない。左の絵画はこの技法にパズルとマジックの要素を組み合わせた例だ。

　ルネサンス期に人気が出た錯視芸術の技法は、アナモルフォーシスの他にもうひとつある。「二重像」「ダブル・ミーニング」と呼ばれるもので、イタリア人の画家ジュゼッペ・アルチンボルドが火つけ役となった。彼の作品は1500年代後半に集中している。果物や動物、野菜、魚などを人の形になるように組み合わせ、正確な肖像画に仕立てあげた。そしてよく見てみると、非常に多くの物が描きこまれているのがわかる。彼の作品は革新的だと人々に受け止められ、美術評論家の中には精神疾患の証だと言う者までいたが、アルチンボルドが伝統的手法を用いて描いた作品には精神疾患を感じさせるものはまったくない。単に彼は、すばらしい才能に恵まれていたというだけだ。伝統的手法で描かれた作品は残っていないが、ダブル・ミーニングをもつ作品は20世紀初頭に再び注目を集め、サルバドール・ダリなどシュルレアリスムのアーティストに多大な影響を与えた。アルチンボルドは今日でも大き

な影響力を保っている。本書には数名の優れたアーティストによるすばらしいダブル・ミーニングの作品が収められている。

19世紀後半から20世紀初頭にかけて、ダブル・ミーニングやメタモルフィックアート（metamorphic art）は人気を吹き返し、絵葉書や広告に広く用いられた。大勢のイラストレーターたちがこのような「目で見るだじゃれ」を手がけたが、頭蓋骨や悪魔、その他タブーとされるテーマを扱った暗い内容のものが多い。古典的作品の例として、ジョージ・A・ウォザースプーンの『社交界の肖像』が挙げられる（次ページ）。左右に女性を従えた紳士の絵だが、よく見ると彼の胸と腕がロバの顔にも見える。

オプティカル・イリュージョンやマセマティカル・アートに貢献したアーティストといえば、M.C.エッシャーがまず挙げられる。エッシャーは19世紀末にオランダのレーワルデンで生まれた。最初は建築を学んでいたが、のちに美術に切り替え、素描と木版画で頭角を現す。20代にはヨーロッパを広く旅し、その間にムーア人が建てたスペインのアルハンブラ宮殿を訪れている。彼は色の異なる断片を組み合わせ、平面上に模様を繰り返していくムーア人の手法に魅せられた。ムーア人は宗教上の理由で生物の姿をアートに利用することを禁じられていた。鳥、魚、人、その他の生物の図形を用いたタイルを組み合わせればダイナミックな作品ができるはずだとエッシャーは考え、平面にタイルを対称的に貼っていくモザイクに取り組み始める。そしてさまざまな、時にショッ

司書　ジュゼッペ・アルチンボルド　1562

キングな画像を生涯作り続けていく。彼は平面上に無限の概念を与えようと追求した最初のアーティストで、細部にこだわり、平行線が地平線に向かって消えていくだけにとどまらない無限性を創り出した。この姿勢から生まれたのが一連の木版画『サークル・リミット』で、非常に人気のあ

13

る作品である。

　エッシャーは1950年代にはヨーロッパで有名になっていたが、アメリカではまだあまり知られていなかった。1958年に著した『The Regular Division of the Plane（平面の正則分割）』では作品の背後にある数学について論じ、「数学者は広大な領域に通じる門を開いた」と述べている。確固たる数学的構造を備えた彼の作品は、数学と芸術を結びつける史上初の架け橋となった。彼の美しい作品は見る者の目を楽しませ、喜びを与えると同時に、どのように数学が応用されているかを探究する楽しさも与えている。対称性、平面に貼ったタイルの周期性、プラトンの立体、双曲幾何学、位相幾何学、群論、結晶学、すべてがエッシャーの多彩な作品に見受けられ、研究されている。

　名声が頂点に達しつつあった1972年、エッシャーは他界した。今日、彼は生前よりもさらに人気を博している。しおり、カレンダー、Ｔシャツなど、ほぼあらゆる国で彼の作品をあしらったグッズが売られている。

　1960年代に「オプ・アート」なる言葉がタイム誌の記事に使われ、その後はオプティカル・アートもあらゆる錯視も含む言葉として定着した。オプ・アートは1965年にニューヨーク近代美術館で大規模な展覧会が開かれ、大々的に報道されてから、一般の人々にもてはやされるようになる。オプ・アートの画像はテレビ、新聞、落書き、アルバムのジャケット、衣類、あらゆる広告などで見られた。ハンガリー生まれのヴィクトル・ヴァザルリはこの運動の父と呼ばれることが多い。他に注目すべきアーティストとしてブリジット・ライリー、ヤコブ・アガム、ヨゼフ・アルバースが挙げられる。サルバドール・ダリはシュルレアリスムの画

社交界の肖像　ジョージ・Ａ・ウォザースプーン　20世紀初頭

家としてほとんどの人に名を知られているが、オプ・アートのすばらしい絵画作品も遺しており、それらは今日でも人気がある。オプ・アートについてはいろいろな観点から細かく議論されているが、第一の特徴はトロンプ・ルイユだ。オプ・アートは抽象芸術のひとつで、線や空間、色が対称形式にまとめられている。線はシンプルで何度もくり返され、独特の濃淡や色を伴う場合もあり、それが作品に美しさと興奮を与える。単純な美の心地よさを備えつつ、同時に不安になるほどの深さをも持ちあわせているアートも多い。

　オプ・アートはありとあらゆるものに浸透し、5年間ほど飽和状態が続いた。今日では少し熱が冷めてきたとはいえ、いまだに根強い人気がある。その理由のひとつとして、オプ・アートをデザインするのにコンピューターが完璧な手段になりうる点が挙げられる。インターネットを見れば、オプ・アートをロゴとして使っているウェブサイト

相手の影響を受けずに独自のデザインを創作したと信じていた。1980年代初頭、2人のデザインはダグラス・R・ホフスタッターによって「アンビグラム」と命名された。

　アンビグラムとは錯視と対称を組み合わせ、同じ物理的空間に2つかそれ以上の異なる単語を表現する芸術形式だ。デザインを別の視点（上下さかさま、左右逆など）から見ると、別の単語が現れる。アンビグラムには数種類あるが、人気があるのは回転アンビグラム（ある角度まで回転させると別の単語が現れる）、鏡像アンビグラム（鏡に映すと読める）、図地アンビグラム（ある単語の空間内に別の単語が組みこまれている）である。下の作品は回転アンビグラムの例で、上下さかさまにしてもまったく同じに見える。一方、次ページの作品は図地アンビグラムの例で、同じ空間に2つの異なる単語が組みこまれている。

　最初にアンビグラムを創ったのはピーター・

San Francisco　スコット・キム　2011

がたくさんある。もちろん、かつての達人たちは手書きで作品を作りあげていた。その苦労を考えると今の状況は驚異的としか言いようがない。

　1970年代に入ると、2人の男性が同時に（当時は互いに相手の存在を知らなかった）アメリカで独創的なデザインを次々に生み出していく。スコット・キムとジョン・ラングドンだ。2人とも、

ニューウェルだと言われている。彼は反転できる絵をデザインし、1893年に刊行された『トプシーとタービー』では、どのページも絵を上下さかさまにするとまったく異なる（だが認識できる）絵になる。最後のページには「THE END」と読めるスケッチがあり、これをさかさまにすると「PUZZLE」と読める。この手のパズルは1900年

代初頭のイギリスやアメリカで人気があり、本や絵葉書、雑誌、ポスターが作られ、大人も子どもも楽しんでいた。

作品を回転させ、その二重性を示すやり方でア

は実際には動かせないものだって？　ぜひ作品をじかに観察し、自分の目で判断してもらいたい。

現代のオプ・アートの興味深い特徴として、錯視が今まで以上に強調されていることと、数学

Perception/Illusion（知覚／イリュージョン）　スコット・キム　2007

ンビグラムに取り組んだのはキムが最初だった。アンビグラムの人気がさらに高まったのは、ラングドンの作品がダン・ブラウンのベストセラー小説『天使と悪魔』で使われたためだ。ラングドンを非常に高く評価するブラウンは、作品の主人公に彼の名をつけロバート・ラングドンとしたほどだ。キムもラングドンも最初は手書きでデザインしていたが、コンピューターの普及によって手法が進化し、デジタル処理を駆使してさらにみごとな作品を生み出している。コンピューターのおかげでこのタイプの錯視に無限の景色がもたらされることになった。今後どう発展していくのかは想像するしかない。

今日の錯視の世界ではこれらのタイプが融合し、新世代のアーティストがさまざまな作品を創造している。コンピューターと市販のソフトウェアを使いこなせる現代の錯視芸術家たちは、過去の時代にはなかった広がりを手に入れている。静止画像は今や「動かす」ことだってできるのだ。少なくとも「動くように」見せかけられる。写真

や科学、神経科学、グラフィックデザイン、芸術全般との相互関係が挙げられる。その証拠に、2010年の年間ベスト・イリュージョンに選ばれたのは数理工学者の作品で、ボールが上り坂を転がっていくという、今ではよく知られる錯視だった。サイエンティフィック・アメリカン・マインド誌の2011年5／6月号はこのコンテストについて論じ、次のようにまとめている。「かつて科学者は単純な線や図形から錯視作品を作り、芸術家は目を見張るような錯視作品の制作に専念していた。それが今や科学と芸術は重なり合う部分がかつてないほど増大している。科学者はグラフィックデザイン用のツールを使ってより芸術的な作品を作り、芸術家はマジックの背後にある神経科学に関する知識をより深めている」

芸術家たちがこの先、錯視効果の限界をさらに押し上げていくのは指摘するまでもないだろう。50年後にはまったく新しいタイプの錯視が存在し、人々にもてはやされているかもしれない。我々は皆だまされるのが楽しいからだ。本書を編集す

るにあたり、幸運にもすばらしい芸術家の多くと知り合うことができた。対称性に魅せられた数学者もいれば、答えを求める視力研究家もいる。平面またはキャンバスに描けるものの限界を押し上げようとするグラフィックデザイナーや画家もいる。だが、突きつめて言えば、誰もが人を魅了し、人をあざむくアートを創る達人だ。読者のみなさんが本書に収められた作品をご覧になり、我々がこの本を編集しながら感じていた楽しさのたとえ半分でも感じていただけたら、編集者として仕事を果たしたのではないかと思っている。

ブラッド・ハニーカット＆テリー・スティッケルズ

無題　ポール・ナスカ　2010

17

GALLERY
ギャラリー

オクタビオ・オカンポ

花の口

つつましやかな花や蕾にチョウが寄ってくる。自然ではよくある光景が、母なる自然の顔をかいま見せている。

オクタビオ・オカンポ

ドン・キホーテの友情

道ばたで2人の男性が馬を休ませている。その光景がセルバンテスの小説の有名な主人公、ドン・キホーテを思わせる。

オクタビオ・オカンポ
大将の家族
家族の姿が描かれているのだが、絵全体がまさに大将その人のように見える。

オクタビオ・オカンポ

群と共に走る

野生馬の一群が、1頭の大きな馬と山並みからなる超現実的な光景を作りだしている。

オクタビオ・オカンポ

女性の本質

花と葉の中に美しく若い女性がひそんでいる。

オクタビオ・オカンポ

リスのいる木

ドングリを探す2匹のリスの上に若い女性の顔が不気味に迫る。

ラファル・オルビンスキ

上げ潮の重み　1996

ラファル・オルビンスキ

アイリス　1995

ラファル・オルビンスキ
時の三次元　2002
女性が月を足置き台にしたとき、遠近法と幻想がぶつかり合う。

M.C. エッシャー

成長 II　1939

M.C. エッシャー

バルコニー　1945

バルコニーの中心部が拡大されているため、絵全体に奥行きがはっきりと感じられる。

M.C. エッシャー

シンメトリー画 E11　1937-1938

エッシャーの作品にはモザイク（タイル）がよく用いられている。この作品では赤、白、青のタツノオトシゴが隙間なく、また重なり合うこともなく平面を埋めつくしている。

M.C. エッシャー
相対性　1953

人はあらゆる方向に進み、従来の重力の法則は成り立っていない。人気のあるこの作品は、見れば見るほど「答え」よりも「問い」の数が増えていく。

レイ・マッセイ

バナナ・ハンド　2009

巧みに彩られた手や指が、テーブルに置かれたバナナの皮のように見える。

レイ・マッセイ

サッカー選手　2009

レイ・マッセイ

鉛筆立て　2009

ヨス・デ・メイ

フランダース上空に浮かぶUFO　2005

ヨス・デ・メイ

音楽が流れる中、フクロウを運ぶ人々がユートピアへと向かう 2005

ヨス・デ・メイ

フクロウと賢者の石が JDM によって出会う　1997

ヨス・デ・メイ

フクロウがとまる厚みのない塔　1987

３羽のフクロウがとまっている塔は空想の世界でしかありえない。

D・アラン・スタッブス＆シモーヌ・ゴリ
息づく光と回転する傾斜線が織りなすイリュージョン　2007

絵の中心を見つめたまま顔をすばやくページに近づけては遠ざけてみよう。曲線が回転し、中心部が大きくなったり小さくなったりするように感じられるはずだ。この作品は『息づく光／動的傾斜錯視』（ゴリ＆スタッブス　2006）と『回転する傾斜線の錯視』（ゴリ＆ハンブルガー　2006）の複雑なバリエーションである。

イシュトバン・オロス

円柱のアナモルフォーシス　1994

円柱鏡を置くと、平面状の歪んだ画像が立体感のある円柱に変形する。

イシュトバン・オロス

ポスター・ギャラリー　1995

イシュトバン・オロス

本　1997

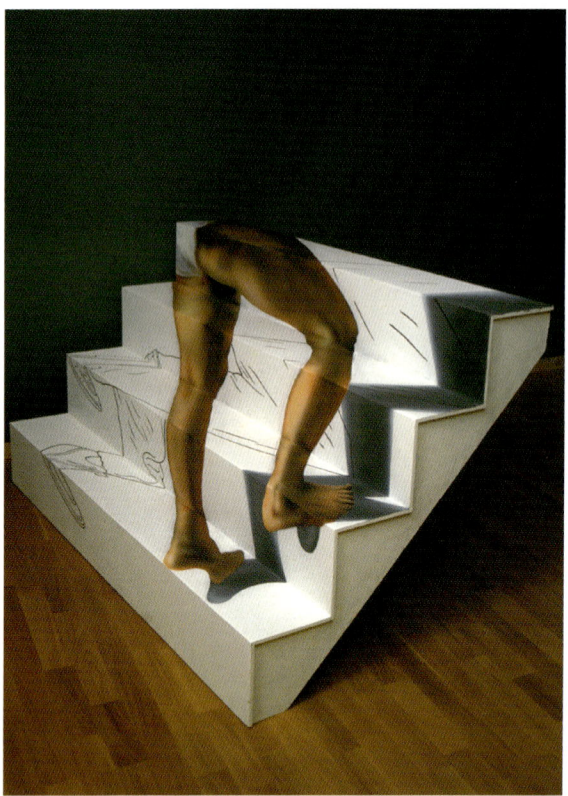

イシュトバン・オロス

階段　1992

階段を見る角度によって、脚が段を下りていくようにも、別の脚が段を上っていくようにも見える。

イシュトバン・オロス

愚者たちの船 XL　2006

あなたに見えているのはアーチを通っている人々、それとももっと不気味なものだろうか？

イシュトバン・オロス

バーリント・バラッシ　2004

この絵の中に顔が隠れているのがわかるだろうか？

イシュトバン・オロス

円搭　1997

ねじれた円筒形のこの搭はブロックでできている。現実にはありえない。

イシュトバン・オロス

角の家　1993

２つの窓は家の異なる側面にあるのだが、窓同士が向かい合っているようにも見える。

イシュトバン・オロス

宇宙　2002

同じ階段なのに、なぜこの男性と女性は背中合わせで座れるのだろう？

イシュトバン・オロス

エッシャー美術館（ハーグ）展覧会のロゴ　2004

マンフレッド・シュターダー

黄埔の世界（香港） 2010

香港で描かれたこの作品は、平面の床が吸い込まれそうな滝と化し、どこまでが現実でどこからが想像の世界なのかはっきりしない。

マンフレッド・シュターダー

ダーツボード　2008

立体的に見えるこのダーツボードは平らな床に描かれている。ロンドンのアレクサンドラ・パレスで開催された世界ダーツ選手権のために制作された。

ジョン・ラングドン

Chain Reaction　1991

「chain reaction」（連鎖反応）の文字がそれぞれ「o」で交差しつつチェーンのように連なっている。

ジョン・ラングドン

True/False　1988

上下さかさまにすると真実（TRUE）から虚偽（FALSE）へと意味が正反対になるアンビグラム。

ジョン・ラングドン

私たち（Us） 1996

図と地を利用したこのアンビグラムには「私（ME）」の中に「あなた（YOU）」が埋めこまれている。

ジョン・ラングドン

Love　1999

図と地を利用したこのアンビグラムには愛（LOVE）と憎しみ（HATE）が共存している。

ジョン・ラングドン

オプティカル・イリュージョン　1999

図と地を利用したこの古典的なアンビグラムにはOPTICALとILLUSIONの文字が隠されている。

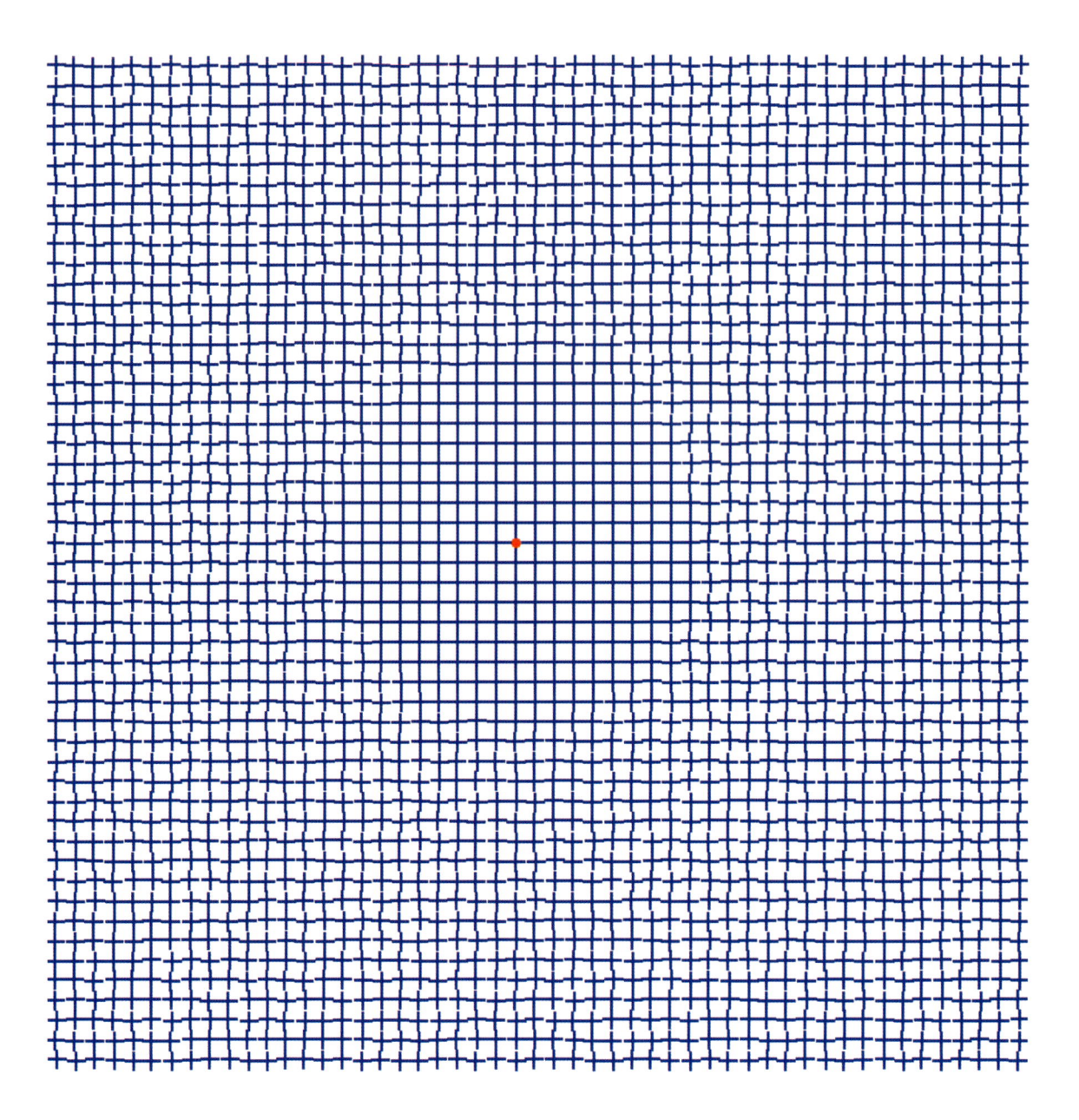

金井良太

ヒーリング・グリッド　2005

中央の赤い点を見つめているうちに、格子の歪みがすっと消えていく

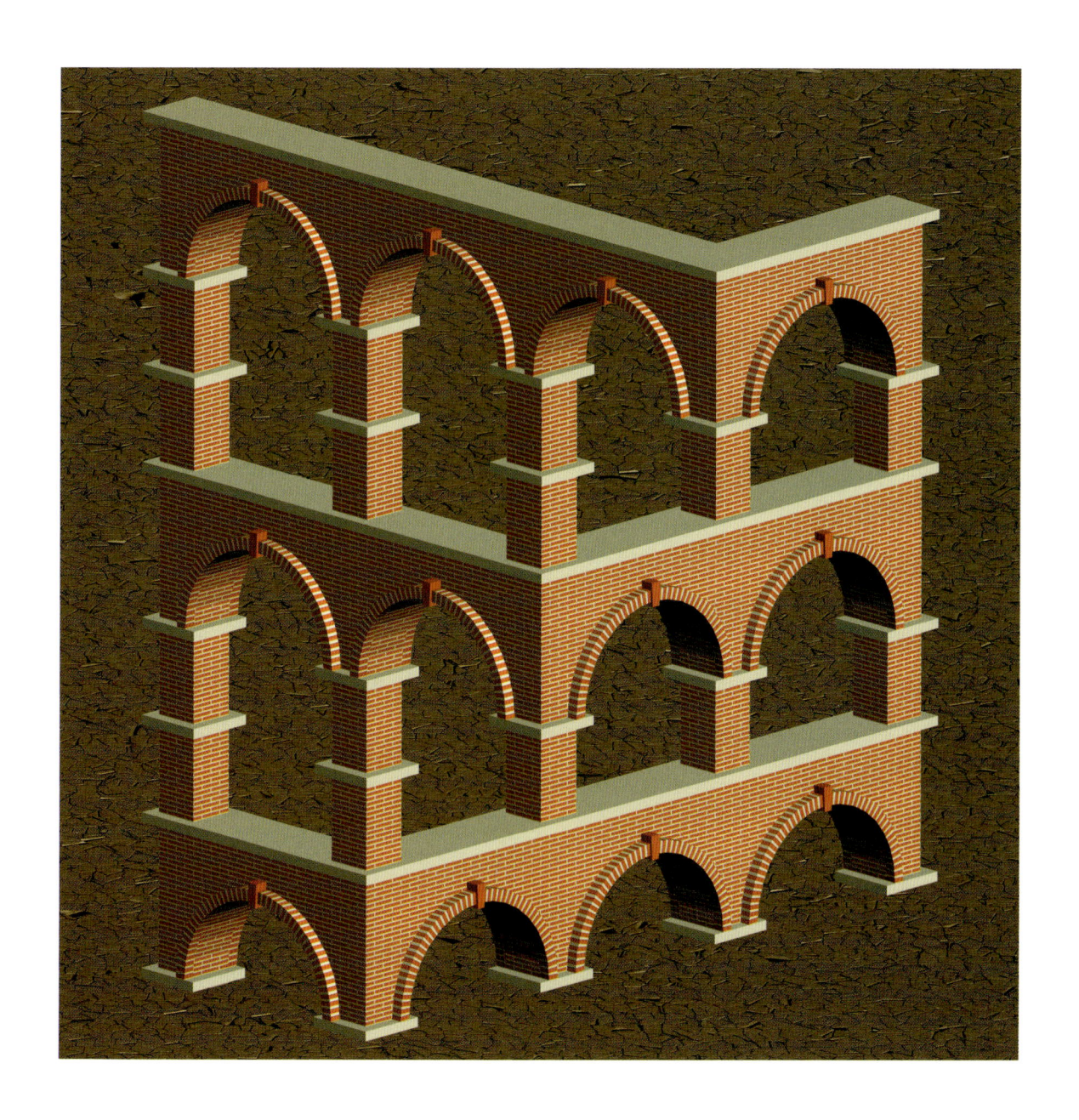

キャサリン・パーマー

水道橋　2004

この水道橋は構造上に何か大きな問題がある。

キャサリン・パーマー

屋根裏部屋のドア　2004

このドアを閉めるのは難しそうだと思えないか？

キャサリン・パーマー

クレーン　2010
このクレーンのどこが問題かわかるだろうか？

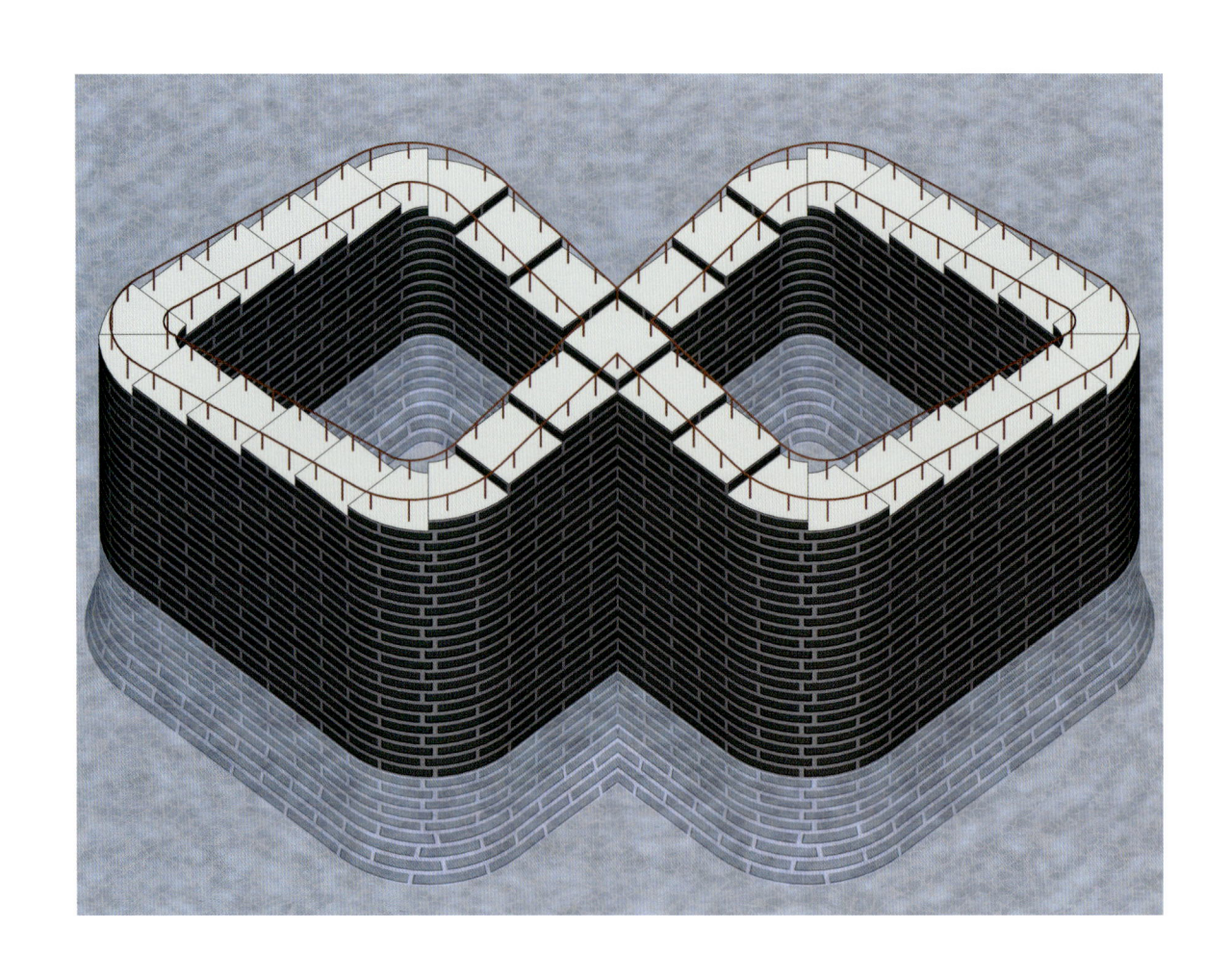

キャサリン・パーマー

無限階段　2006

歩く方向によって永久に上り続ける、または下り続けるように見えるループ状の不可能な階段。

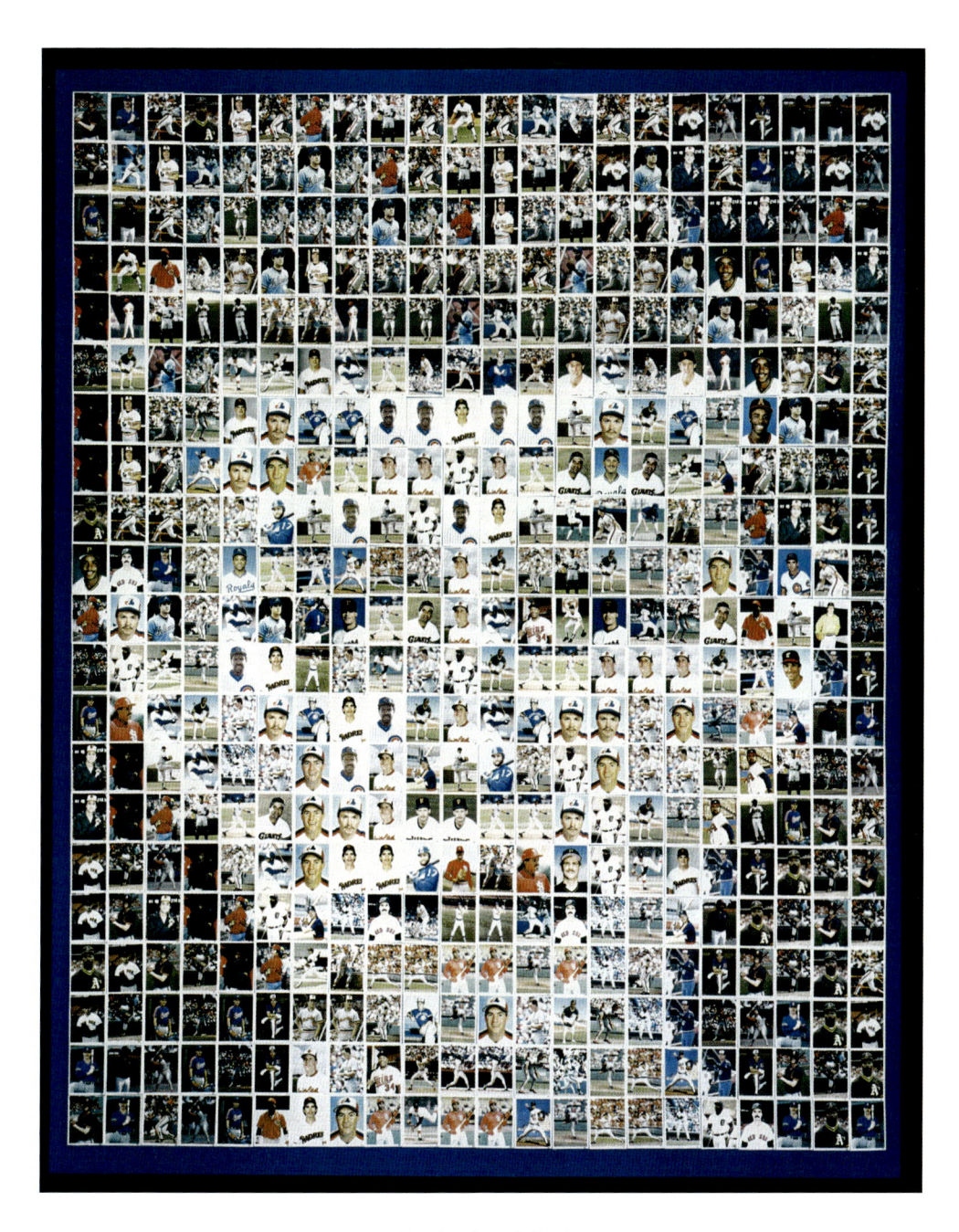

ケン・ノールトン

ニコラス・ジェンセン　2002

リトルリーグのピッチャーの肖像画になるよう並べた野球カード。

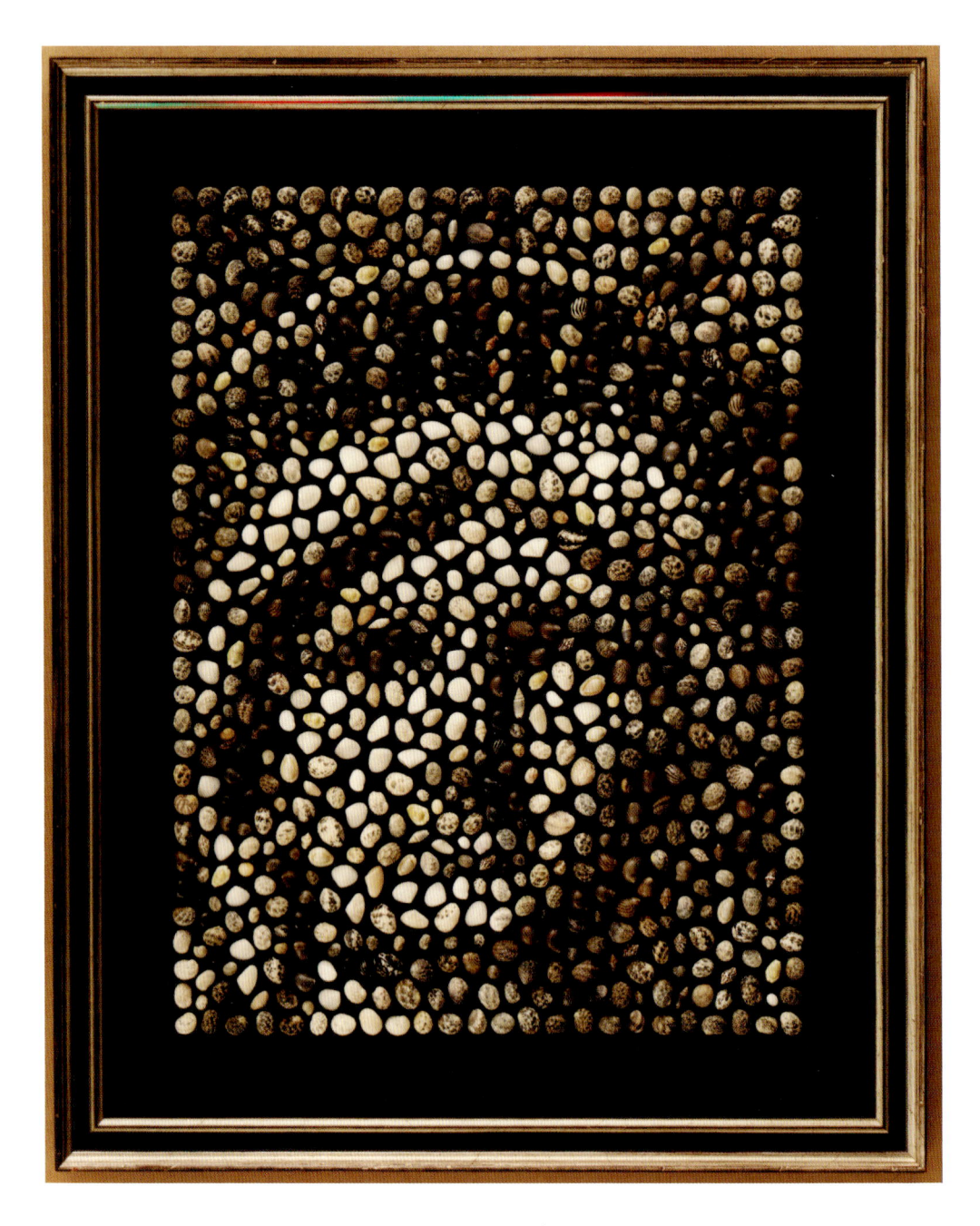

ケン・ノールトン

自由の女神　1995

自由の女神が見えるよう並べた貝殻。

ケン・ノールトン

バラク・オバマ　2009

2008年の大統領指名受諾演説の言葉をコンピューターの特殊フォントを使い、肖像画に仕立てた。

ケン・ノールトン

アルベルト・アインシュタイン　2001

アインシュタインの有名な方程式に使われている記号だけを並べた中に彼の顔が潜んでいる。

ウォルター・アンソニー

船酔い　2007

視点をあちこち移動させると作品が脈打っているように見える。

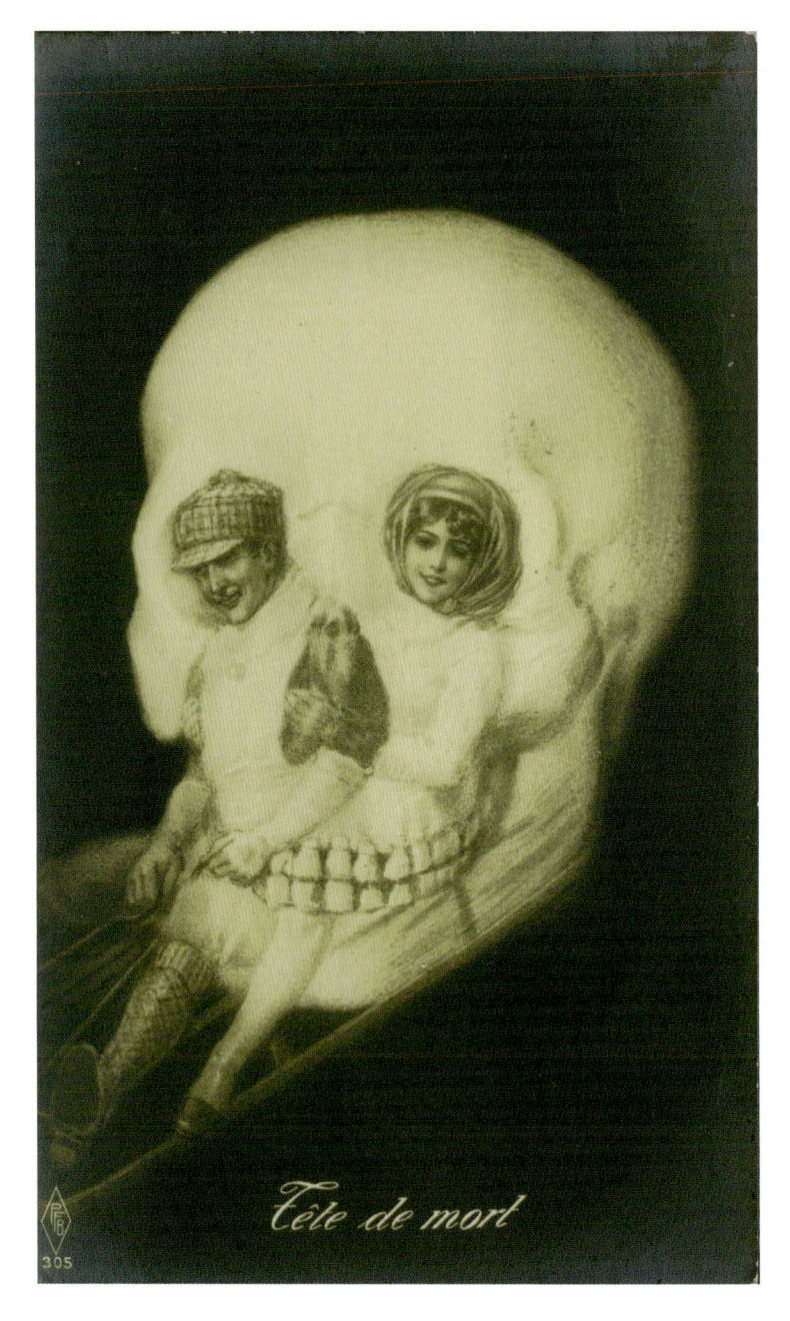

作者不詳

昔のスカル・イリュージョン　1900年頃

両義性をもつこの古いイリュージョンには、楽しんでいる男女と頭蓋骨が示されている。あなたにはどちらが見えるだろう？

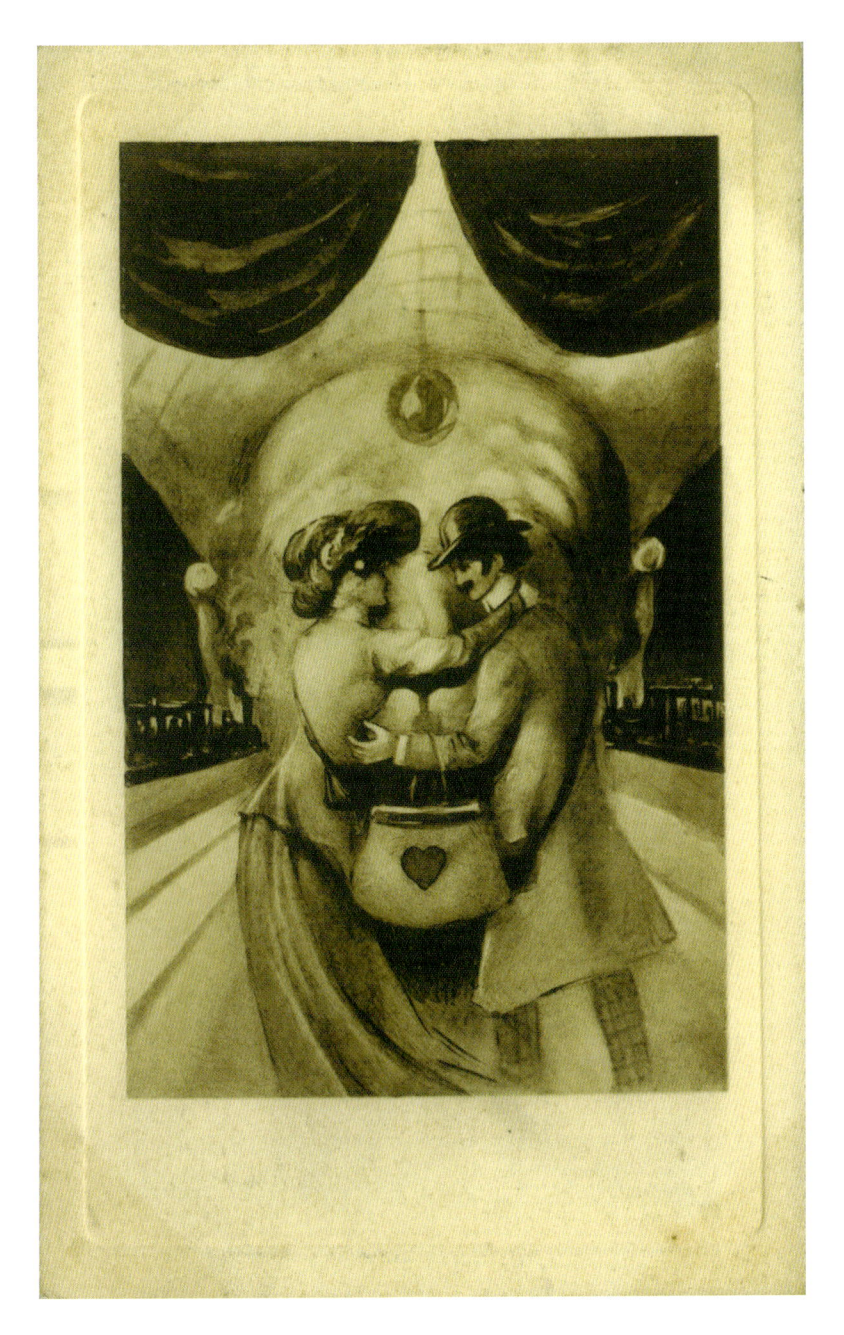

作者不詳
変形する絵葉書　1900年頃
踊っている男女の姿に顔が潜んでいる。どちらも見つけられるだろうか？

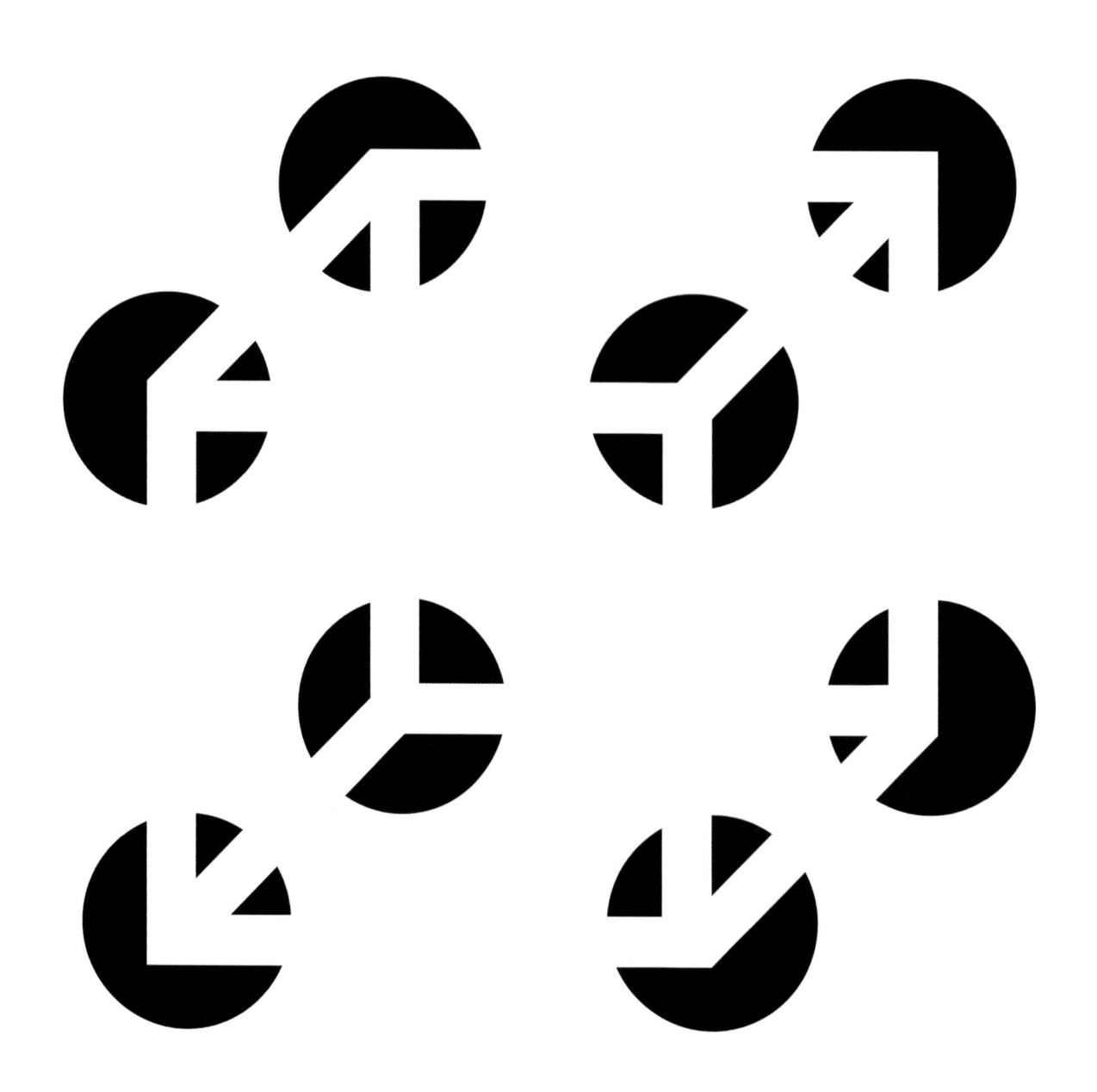

作者不詳
知覚できる立方体
白い立方体は描かれていないが、そこにあるように見える。

ジム・ウォレン
疾走する波　2004
砕ける波が疾走する馬へと徐々に変わっていく。これはジム・ウォレンの３部作『ドリームスケープ』（夢の光景）の真ん中の作品である。

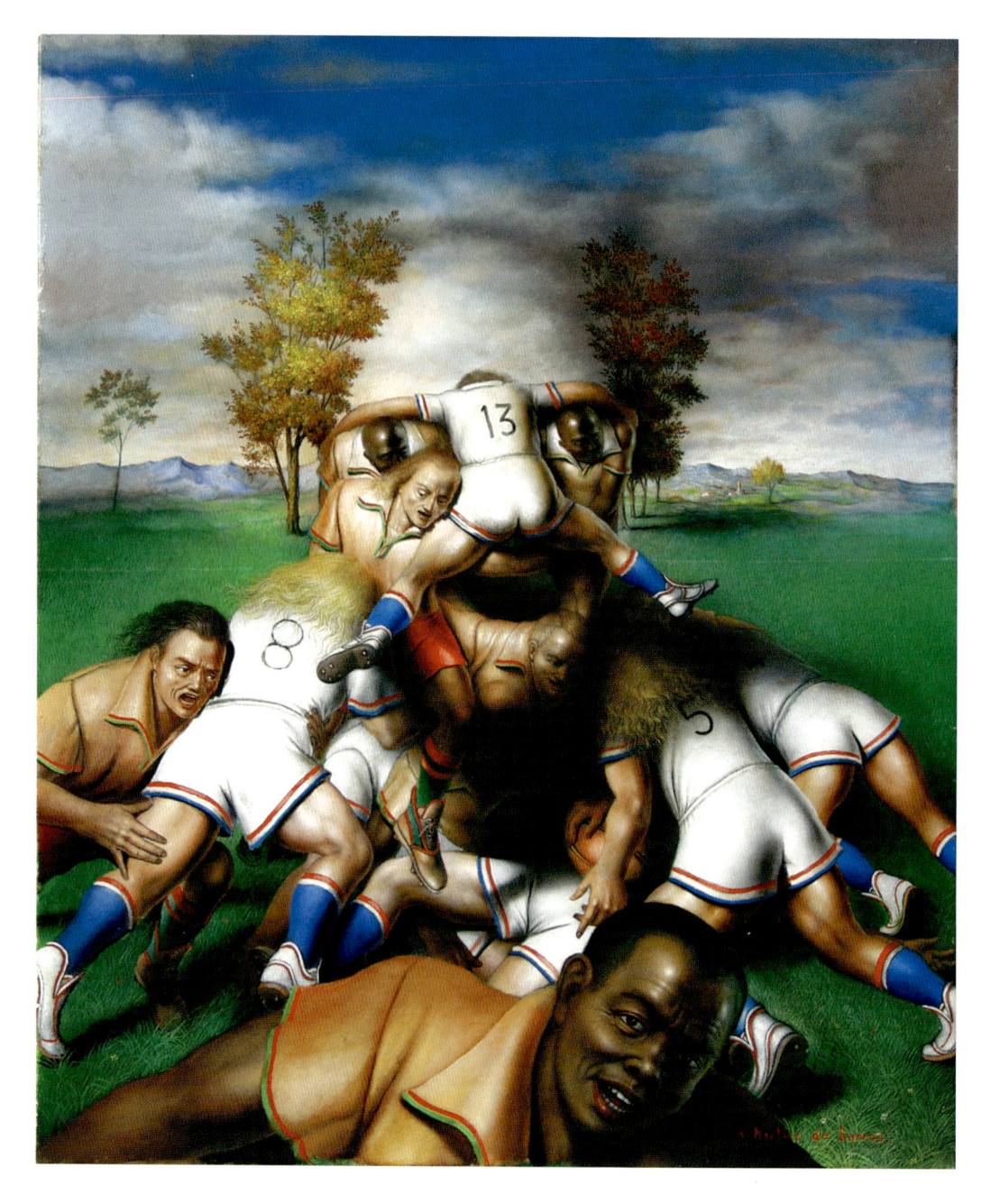

アンドレ・マルタン・デ・バロス

乱闘　1999

スクラムを組むラグビー選手たちの中に顔が隠れている。

アンドレ・マルタン・デ・バロス

田舎の道化　1995

この風景画に描かれた花々の中に道化が隠れている。

アンドレ・マルタン・デ・バロス

本屋の主人　2004

本を巧みに積み上げ、売っている商品に似た主人として命を吹きこんだ。

アンドレ・マルタン・デ・バロス

給仕道具一式　1994

スタンフォード・スラツキー

平行四辺形　2006

この図には２つの立方体が見える。中央のダイヤ模様は右の立方体、それとも左の立方体どちらの一部だろう？

スタンフォード・スラッキー

浮遊　2005

大きな立方体と見るか、小さな立方体が中央に浮かんでいると見るかはあなたの感じ方次第だ。

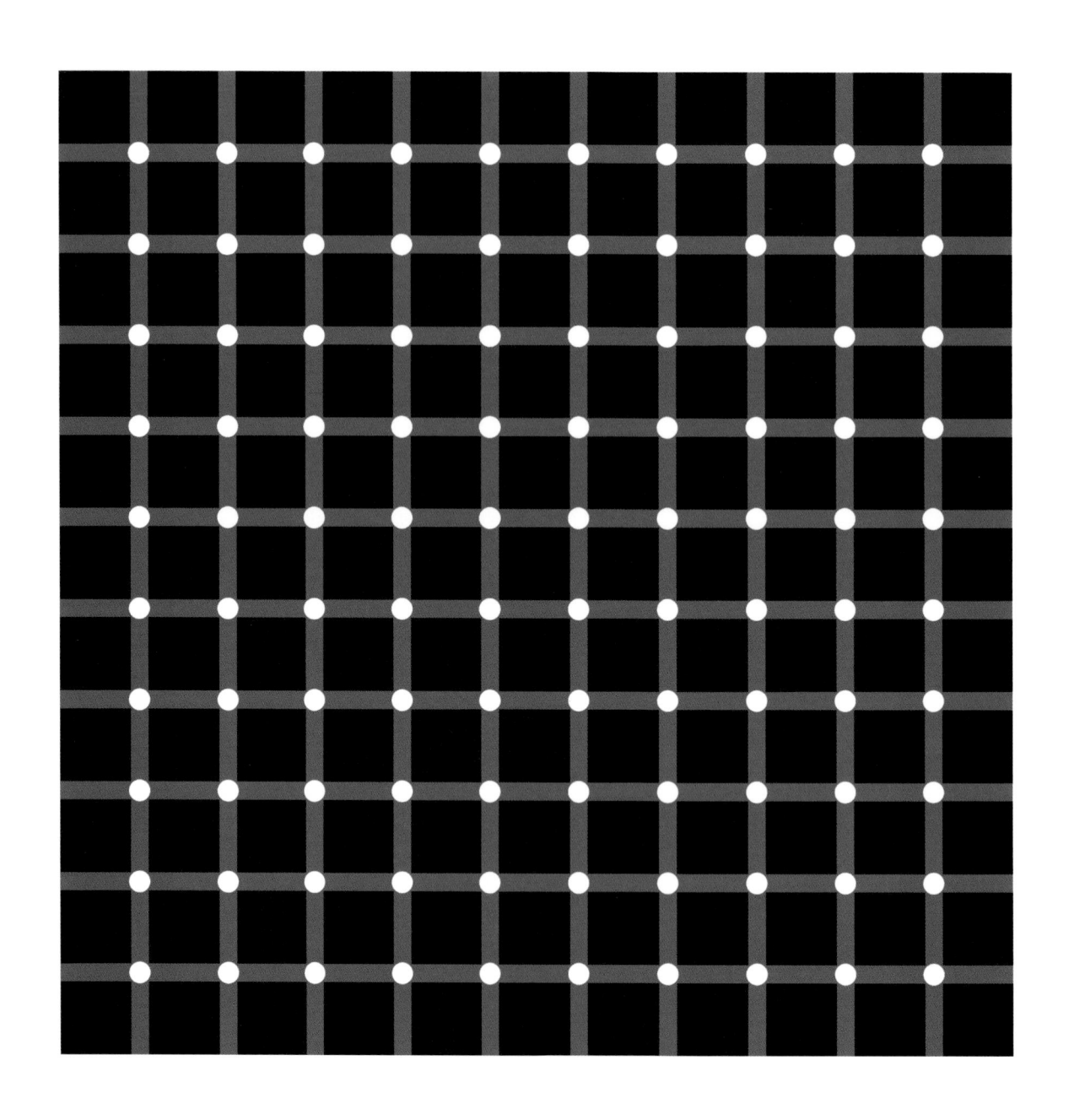

M・シュラウフ、B・リンゲルバッハ、E・R・ウィスト
きらめき格子錯視　1997
黒い点がいくつ見えるか数えてみよう。

北岡明佳

最適型フレーザー・ウィルコックス錯視・タイプⅡa　2007 & 2008

この周辺ドリフト錯視ではそれぞれの円が自然に回転しているように見える

ジェリー・ダウンズ

牛の両側　2007

どういうことかって？　この写真はアイダホで日没時に撮られたもので、1頭の牛の向こう側にもう1頭が立っている。

ジェリー・ダウンズ

タツノオトシゴ　2011
葉の影にタツノオトシゴが見えるだろうか？

エドワード・アデルソン

チェッカーシャドー錯視　1995

ＡとＢの升目はいずれも同じ濃さのグレーだ。同じ色の縦縞を２本足してみると納得できるだろう。

エレーナ・モスカレヴァ

田舎での幸せな1日　2008

この風景画には少年と少女の顔が隠されている。

アーヴィンド・ナラール

クジャクとオウム／見上げる女性　2002

あなたに見えるのは2羽の鳥、それとも空を見上げる女性？　このあいまいな鉛筆のスケッチから両方とも見つけられるだろうか？

アーヴィンド・ナラール

2頭の水牛／草をはむ1頭の牛　2003

見方によって、この鉛筆のスケッチは向き合った2頭の水牛にも、こちらを見つめながら草をはんでいる1頭の牛にも見える。

ジョン・ピュー

マナ・ナル壁画　2008

この壁画はハワイのホノルルにあるラニ・ナル・プラザビルの東面に描かれている。階段も子どもたちも波も平らな壁に描かれたもので、奥行きがあるような錯視をもたらしている。

ジョン・ピュー

グラス・バレー壁画　2009

遠くから見ると、カリフォルニア州グラス・バレーにあるデル・オロ・シアターの壁が派手に壊れているように思える。
近くで見てみると、細部に至るまで手を抜かないその仕事ぶりは目を見張るばかりだ。

チョウ・ホン・ラム

フォーリング・オーバー　2010

滝か、それとも雲か？　あなたの見方次第だ。

チョウ・ホン・ラム

ダーク・シスター 2010

花を手にして向かい合っている若い女性の絵か、それとももっと恐い絵か？

チョウ・ホン・ラム

風水龍　2010

山にひそんでいる龍があなたには見えるだろうか？

チョウ・ホン・ラム

ミッドナイト・ウォーカー 2010

綱を上下さかさまに渡っている？　建物といい、月の位置といい、そういう印象を受ける。

チョウ・ホン・ラム

はじめまして　2010

男性とその影が知り合いになる。

チョウ・ホン・ラム

彫像制作者　2010

少年と少女が互いに相手の姿を刻んでいる。

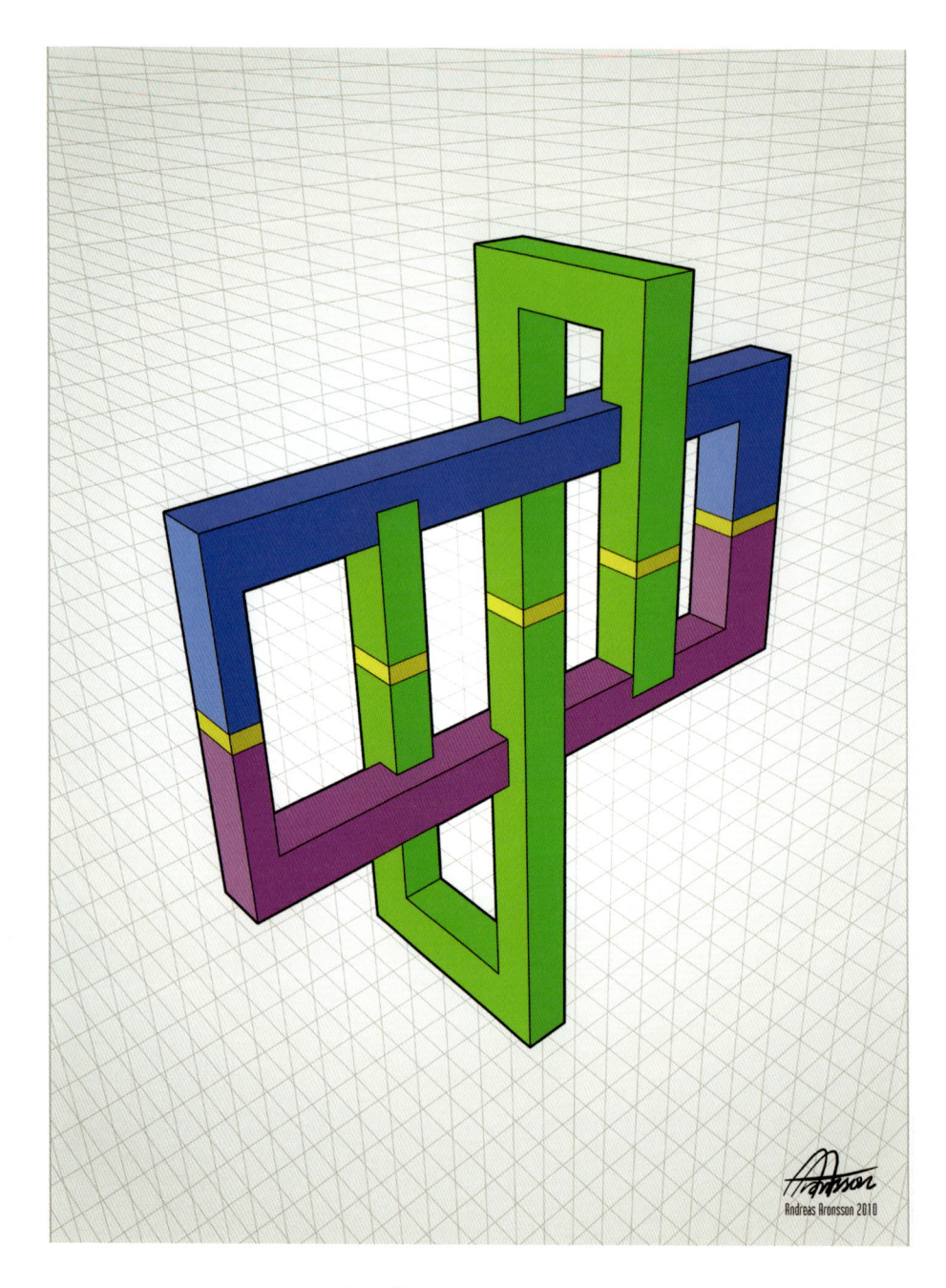

アンドレアス・アロンソン
―――――――――――
ヘビ　2010

青と紫の平べったい枠に緑色のヘビが数カ所で交差しているのだが、ヘビは枠に対してあくまでも垂直だ。

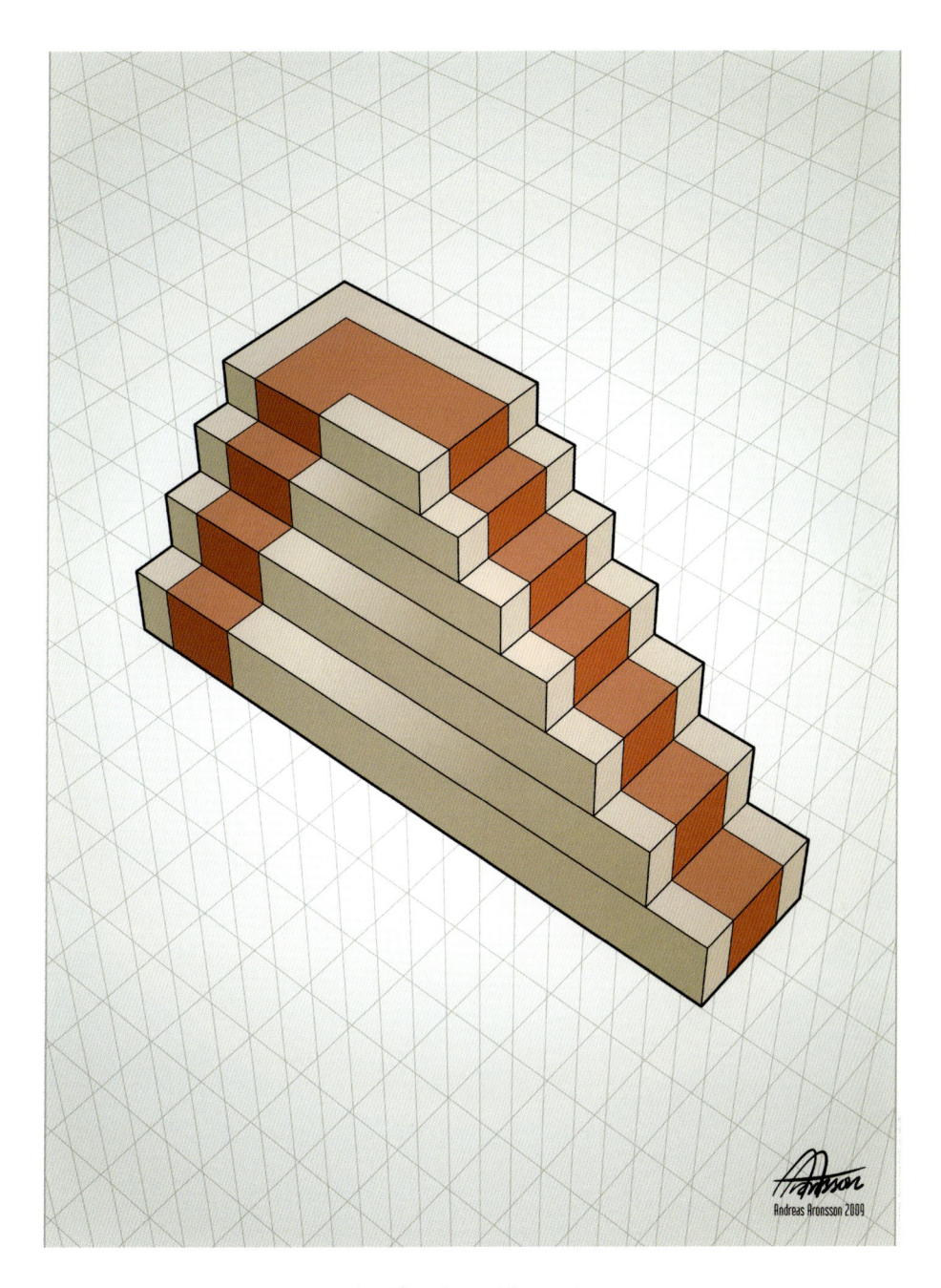

アンドレアス・アロンソン

階段5　2009

どちらから上るかで段の数が異なる。

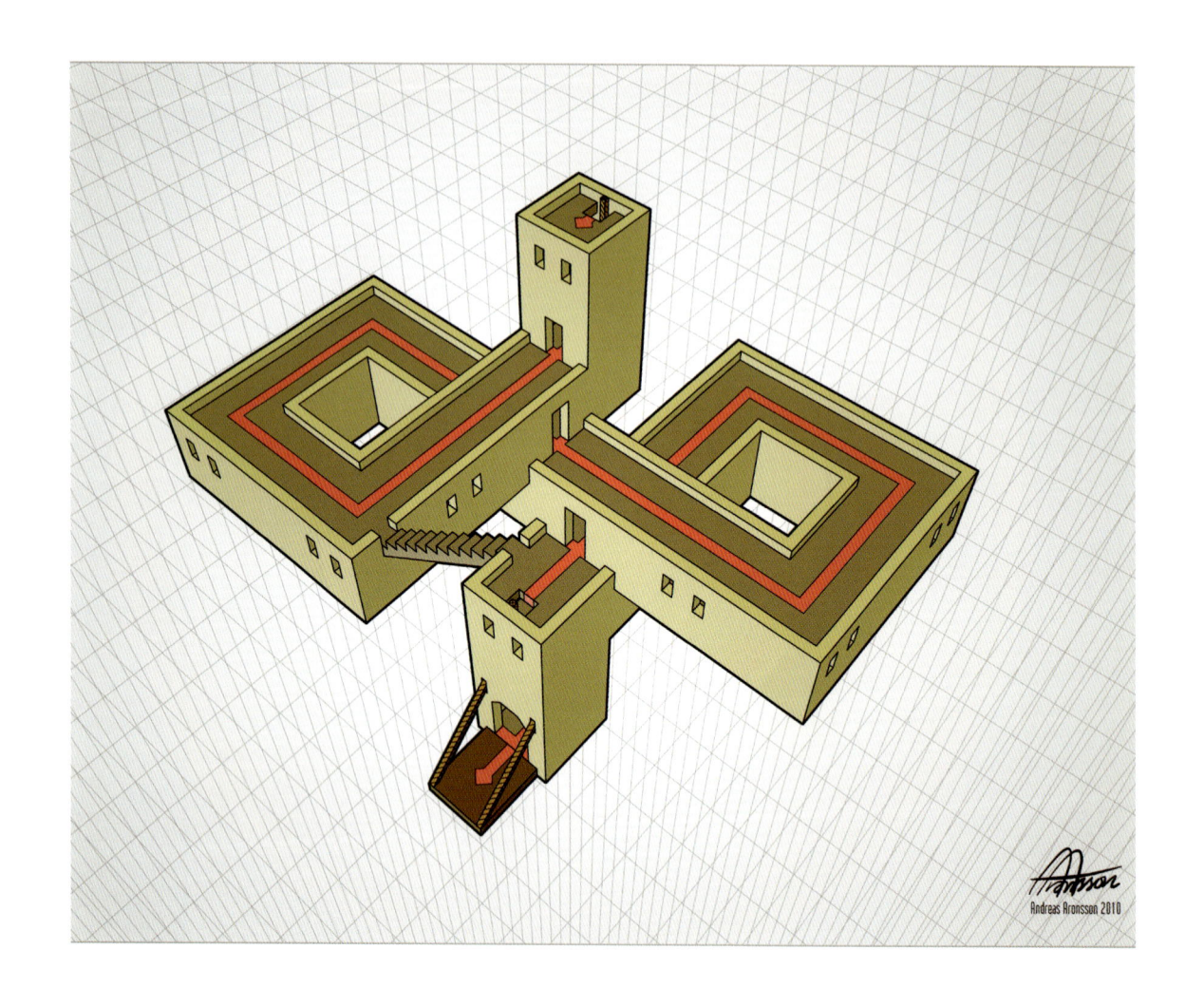

アンドレアス・アロンソン

塔2　2010

この塔は実際にはそう高くない、のだろうか？　通路はあくまでも水平なのだが、進むにつれ高度が上がっている。にもかかわらず、下から上へと「下りて」いけるのだ。

ジュディ・ラーソン

レッドホース　2011

アメリカのアーティスト、ジュディ・ラーソンのこの絵には、酋長レッドホースが隠されている。

ジュディ・ラーソン

凝視　2011

母オオカミを描いたこの絵に子どものオオカミが2匹隠れているのがわかるだろうか？

___ ホップ・デイヴィッド

7羽の鳥　2002

5羽はすぐにわかる。残りの2羽は？

マチュー・ハマーケルス

統一　1995

この不可能な三角形の彫刻作品は木製で、ポリエステルで仕上げられている。場所はベルギーの村オプホーベンの中心部だ。次ページの写真は錯視の仕組みがわかるよう、この作品を別の角度から写したもの。

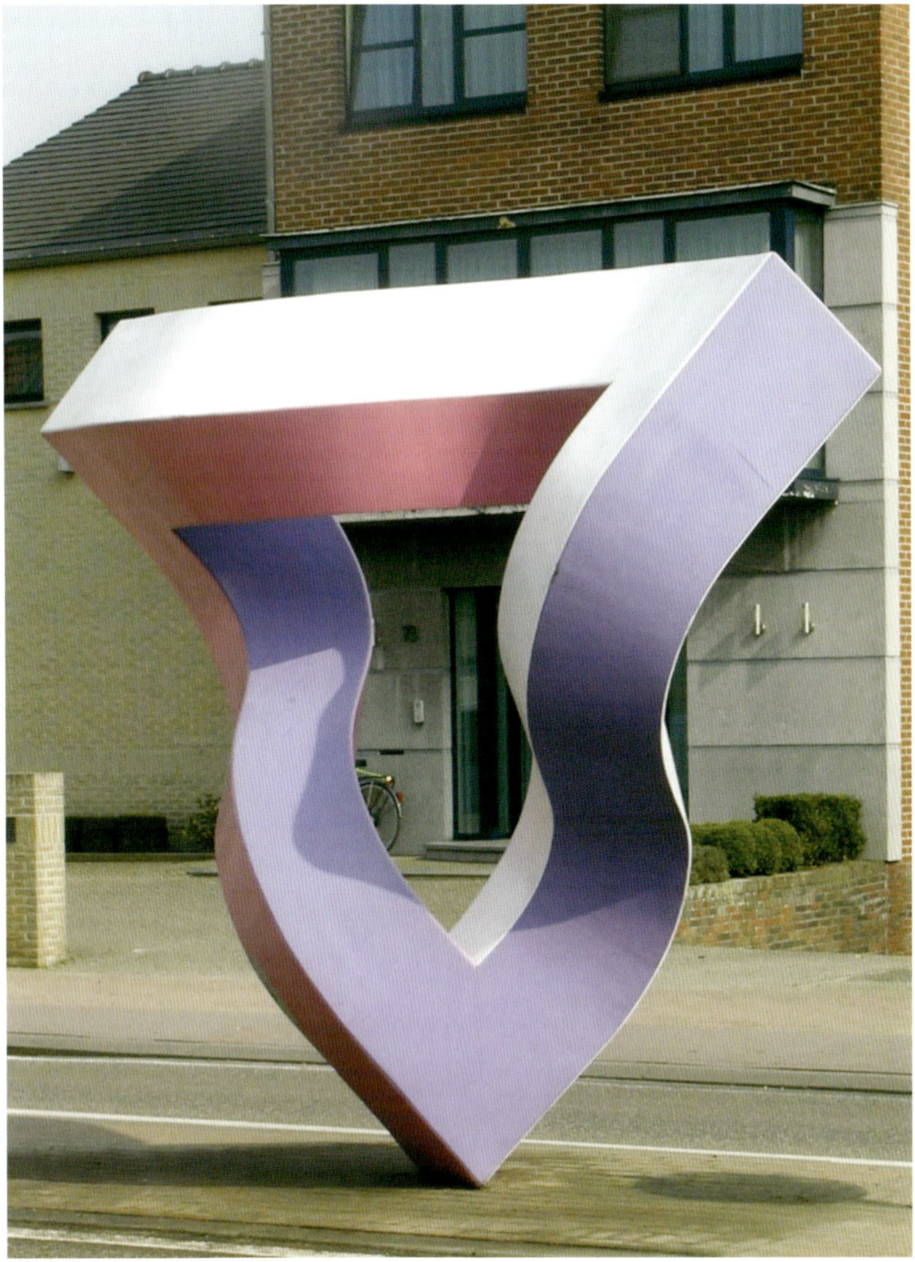

ホップ・デイヴィッド

雄羊 2005

中央の抽象的なモザイク模様は左右の写実的な砂漠の風景へと変化していくが、その上下はさかさまだ。

ロビン・リースマイヤー

不可能な木造建造物　2011

この構造は物理的にありえない。

J・D・ヒルベリー

組み立てる　1995

白い紙に木炭とグラファイトで描かれているのはヒルベリーの2歳になる息子だ。自分自身について、周囲から受け取るべきものについて、理解し始める年頃である。

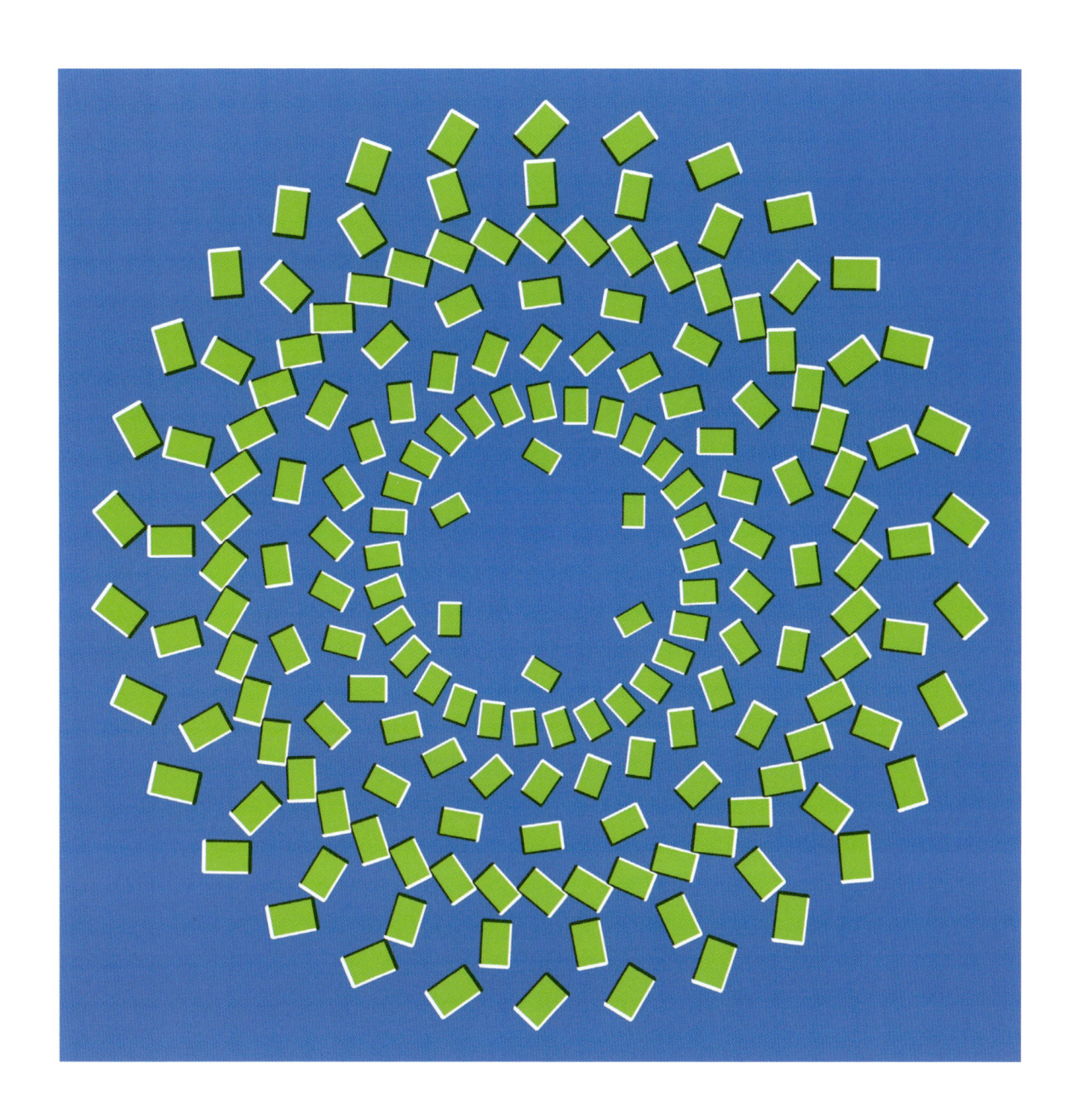

ハイメ・ビベス・ピケレス
色の運動錯視　2006
この図を見ながら視点を動かすと、緑のブロックが動いているように見える。

デイヴィッド・スワルト

ピンキー・ディンキー・デイブ、夢は大きく　2006

この写真はドロステ効果というトリックを使ったもので、同じ画像がどんどん小さくなりながら際限なく現れる。

フレッド・キングドム

斜塔錯視　2007

左右の写真はまったく同じなのだが、右の搭の方が傾いて見える。この作品は2007年度年間ベスト錯視コンテストでファイナリスト入りした。

サンドロ・デル＝プレーテ

ティチーノ村にて　1978

ティチーノ村で道路清掃人がアーチの下を掃除している。小道を行く女性は干し草を詰めたかごを背負っている。
この絵には校長先生か村長といった雰囲気の年配の紳士の横顔も隠されている。

サンドロ・デル=プレーテ

錯覚と現実の間　1969

風化した大きな石のブロックで巨大な壁が作られ、2つの世界の物理的境界線をなしている。だが、この壁は錯覚にすぎない。壁を構成している重たい石のブロックは、一瞬のうちにかき消されてしまう。この過去の記念碑は永遠の問いを投げかけているようだ。錯覚とは何か？　現実とはどこから始まるものなのか？

サンドロ・デル=プレーテ

おかしなテーブル　1985

職人が3人でテーブルの既成部品を組み立てようとしている。どの部品も同じ長さで、互いに並行する形で置かれ、切りこみでつなげられている。角度も接点も設計図どおりなのだが、天板が片側に傾いてしまっている。
押しても曲げてもどうしようもない。そこで3人はこのまま展示しようと決めた。
役に立たない代物でも何かの役に立つことだってある、と示すために。

サンドロ・デル=プレーテ

ねじれた東屋　1985

ありえないモノが好きなお金持ちが、庭の東屋に屋根をつけて日陰を作ろうとしたのだが、作業は妙に難しく、職人たちはとても変わった問題に取り組むはめになった。

サイモン・C・ペイジ

エクスクラメーション・マーク　2010

グラフィックデザイナー兼イラストレーターのサイモン・C・ペイジはこの作品を「見た目以上」シリーズの
ひとつとしてデザインした。親指と人差し指で玉をつまもうとしているところ、
それともエクスクラメーションマーク、どちらに見えるだろう？

サイモン・C・ペイジ
驚き　2009
この迷路（maze）には何かが目につく。何に驚き（Amaze）を感じるのか、あなたには見抜けるだろうか？

ロブ・ゴンサルヴェス

にわか雪　2010

ロブ・ゴンサルヴェス
知識の搭　2009

ロブ・ゴンサルヴェス

踊る風　2007

ロブ・ゴンサルヴェス

風景の変化Ⅱ（山並みを作る） 2008

ロブ・ゴンサルヴェス

飛行計画　1996

ロブ・ゴンサルヴェス

洪水防護柵　1996

ロブ・ゴンサルヴェス

湖の女　1993

ロブ・ゴンサルヴェス

帆走する島　2009

ロブ・ゴンサルヴェス

春スキー　2000

ロブ・ゴンサルヴェス

支流　1995

ロブ・ゴンサルヴェス

アクロバット工学　1999

ロブ・ゴンサルヴェス

エアリアル競技　2011

ロブ・ゴンサルヴェス

石に刻む　1995

ロブ・ゴンサルヴェス

黒板の宇宙　2010

ロブ・ゴンサルヴェス

町の肖像　1998

ロブ・ゴンサルヴェス

テーブルに積み上げたタワー　2003

ダニエル・ピコン

湾曲した正方形　2010

この一連の正方形はたわんでいるように見えるだろうか？

ダニエル・ピコン

歪んだ円　2010

ねじれた紐の模様と背景のせいでどの円も歪んで見える。

ダニエル・ピコン

動く円 2010

円が回転しているように見える。

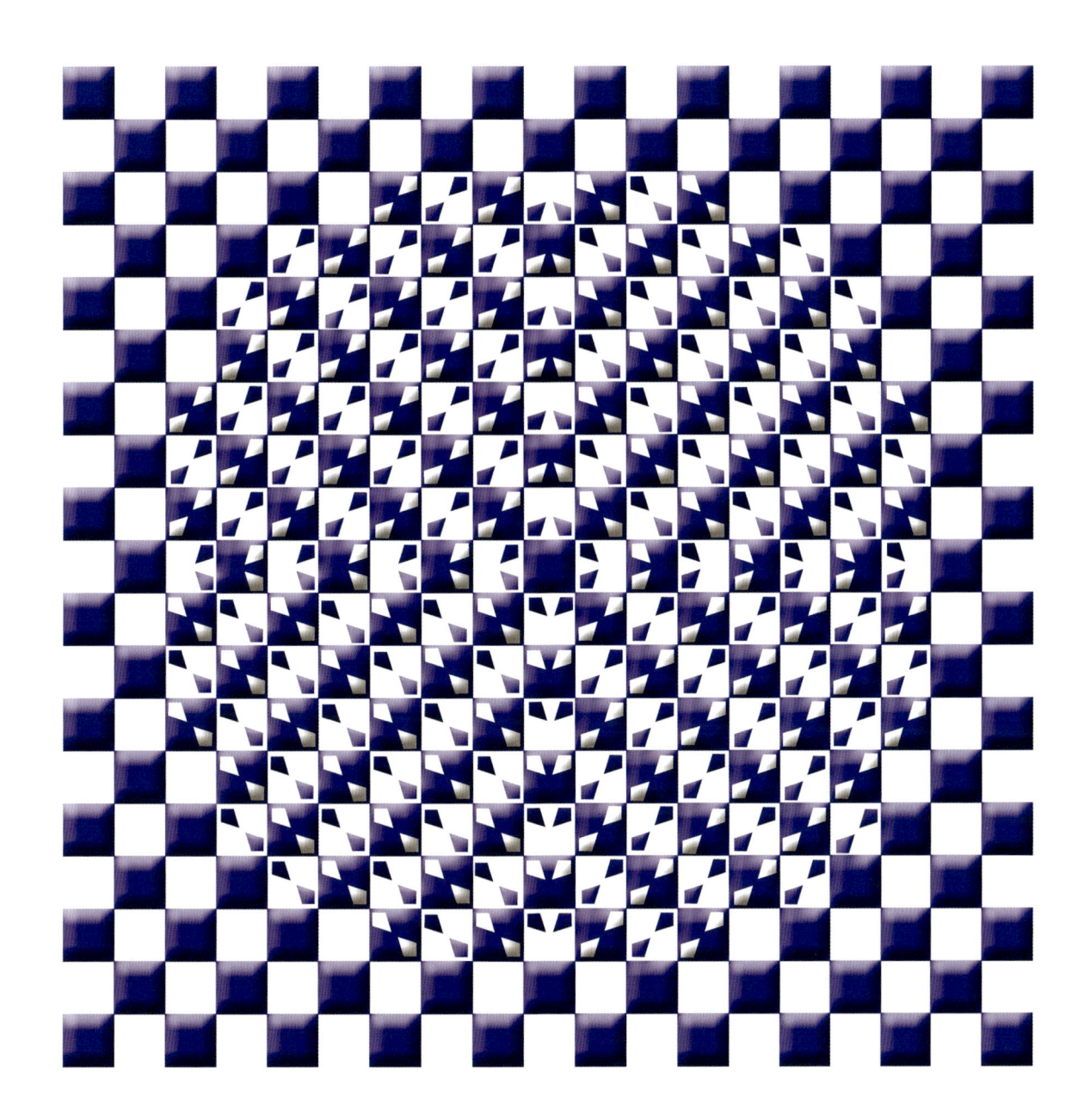

ダニエル・ピコン

膨らむ円 2010
画像の中の円は凸状に見える。

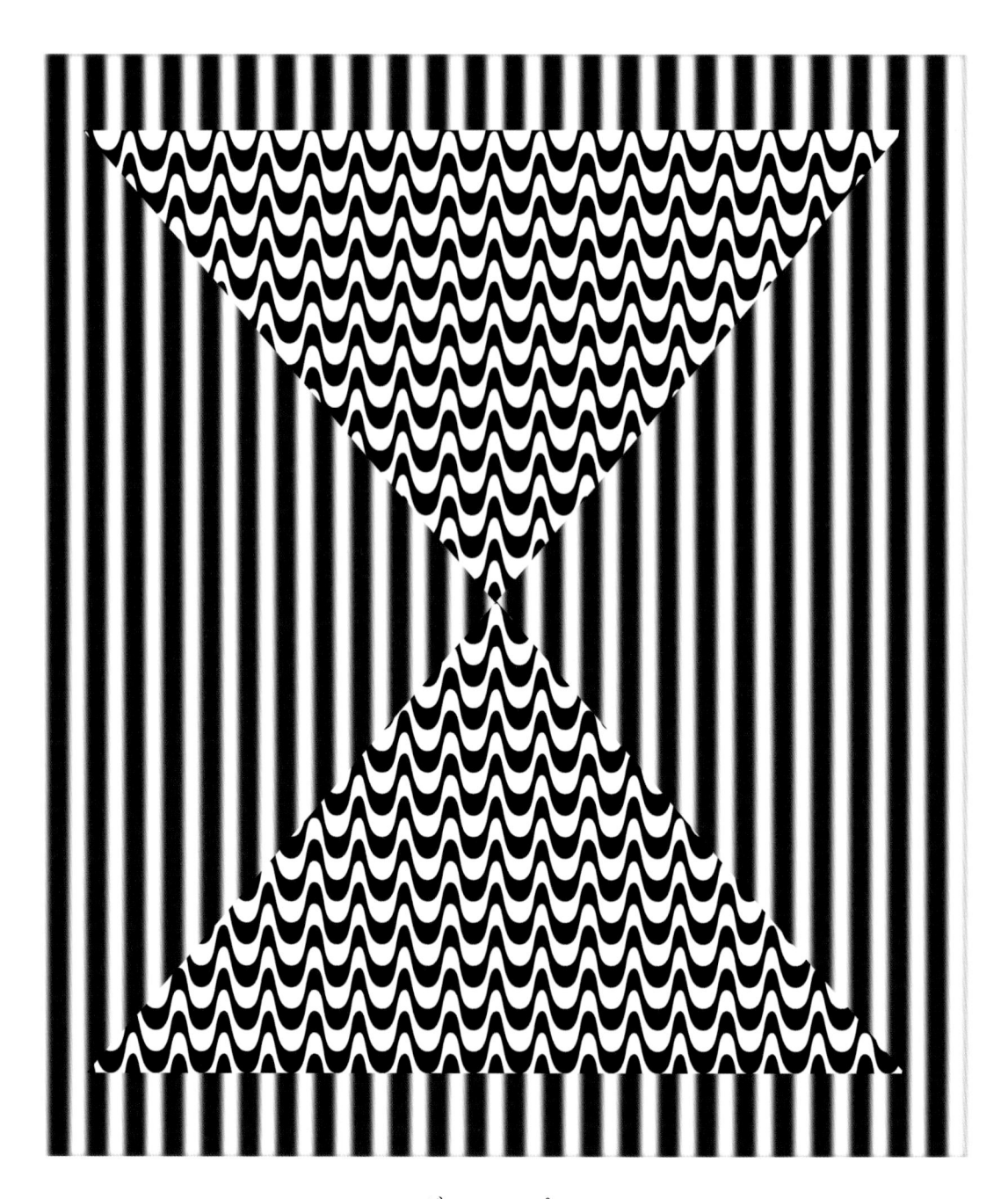

ダニエル・ピコン

不安定な三角形　2010

見つめていると2つの三角形が背景から浮かんでいるように思えてくる。

ダニエル・ピコン

偽りのらせん　2010

らせん状に見えるが、実際は円が重なっているだけだ。この錯視を初めて発見したのはJ・フレーザーで1908年のことだった。

ダニエル・ピコン
傾いた家　2010
何がどうなっている？　誰がこんな家を建てるだろう？　じつは、この家は急な坂に建っていて、カメラを道路と平行にして撮影するとこうなるのだ。

ビセンテ・メアビーリャ

不可能なチェス 2003

ビセンテ・メアビーリャ

不可能な紐〔15〕 2008

ビセンテ・メアビーリャ

本が1冊、本が2冊？ 2002

この絵の中に本が何冊あるだろう？

クリストファー・ダフィー

シャドウ・チェア　2009

一見するとシンプルな木の椅子で、重力に逆らって2本の前脚だけで立っているように思えるが、よく見てみると影も椅子の一部だとわかる。

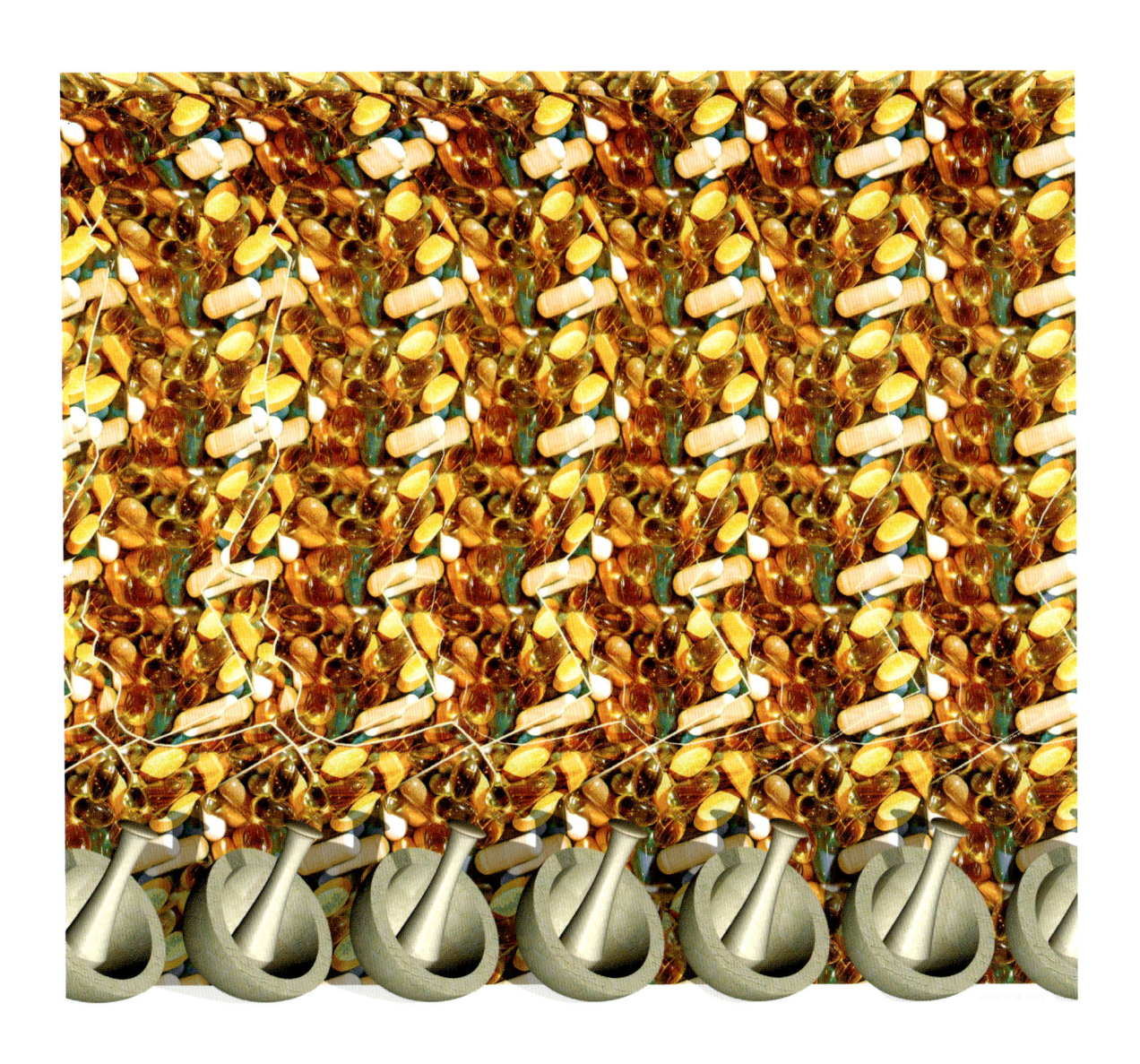

ジーン・レヴィン

3D Rx　2009

この絵を眺め、隠れているものを見つけだそう。（答えは P.220）

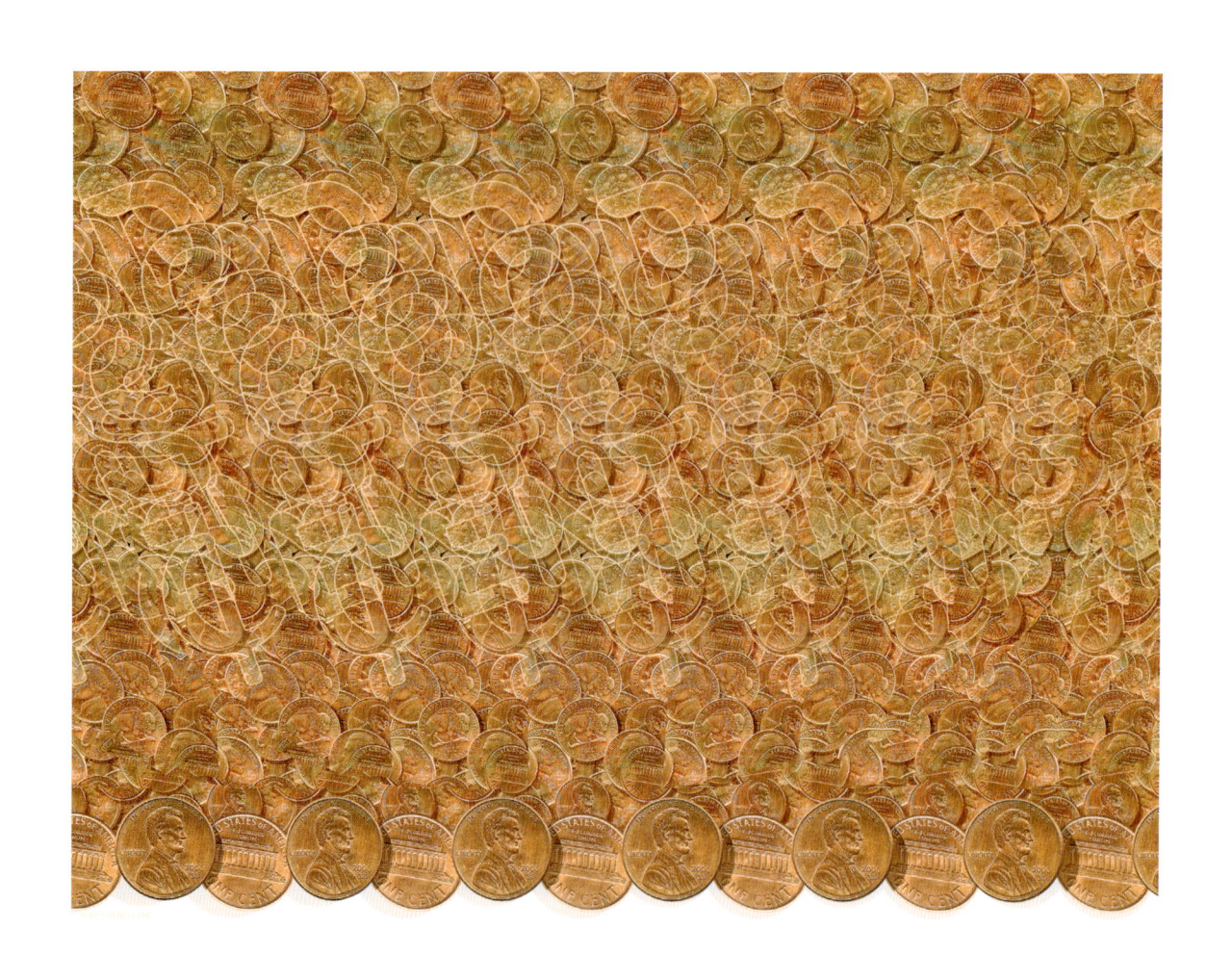

ジーン・レヴィン

Good Cents 2010

この絵を眺め、隠れているものを見つけだそう。（答えは P.220）

ジーン・レヴィン

手と目の協調　2009

この絵を眺め、隠れているものを見つけだそう。（答えは P.220）

ジーン・レヴィン

汲みあげる 2010

この絵を眺め、隠れているものを見つけだそう。(答えは P.220)

ジーン・レヴィン
空間と横顔　2011
２つの横顔のうち片方が大きく見えるだろう？　だが、大きさはどちらも同じだ。

ジーン・レヴィン

おかしな額縁　2011

この写真を縁取っている額は歪んでいるように見えるが、ただの目の錯覚だ。縁の一辺に何かまっすぐなものを当ててみるといい。

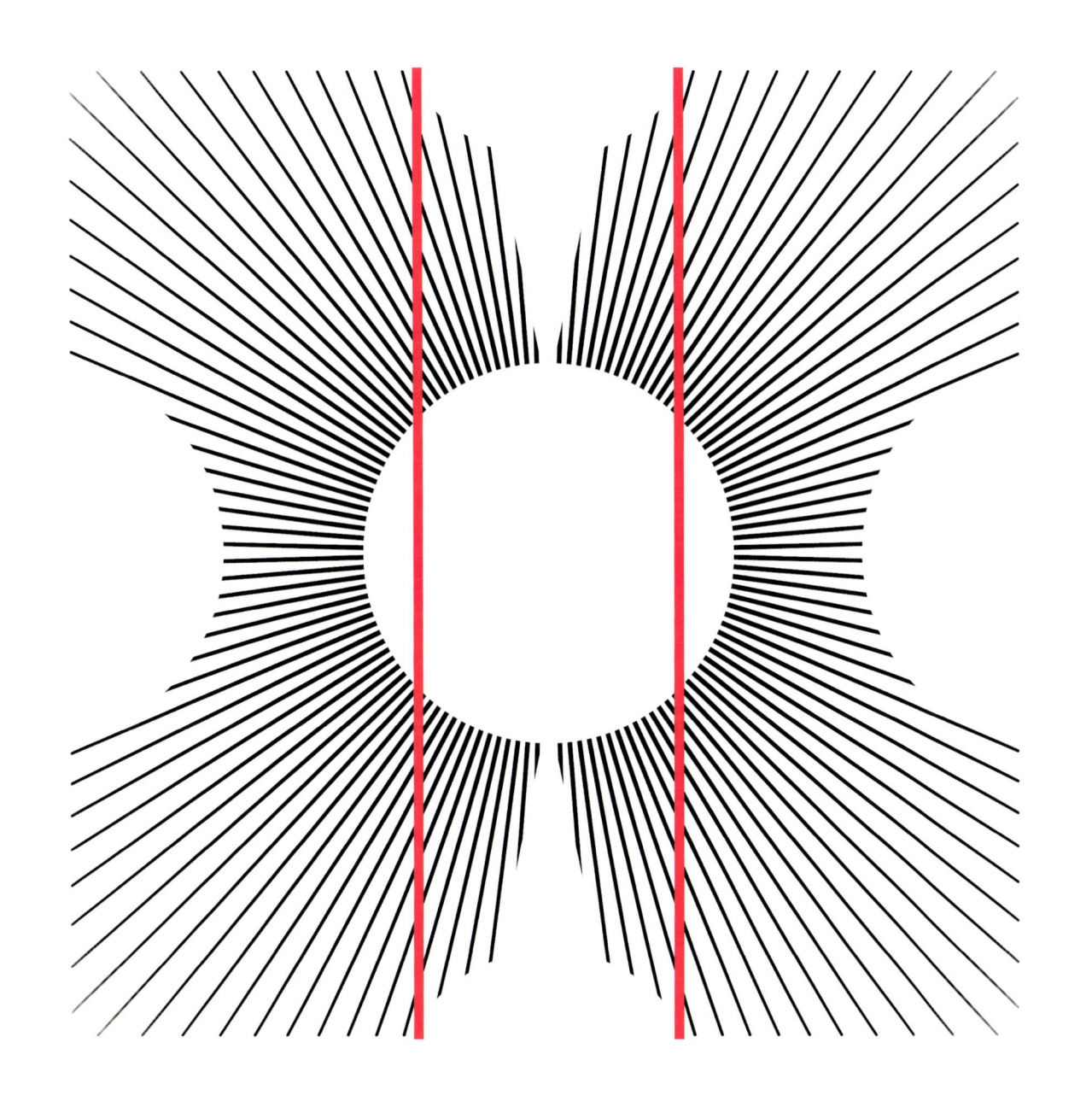

ジーン・レヴィン

曲げる星　2011

赤い線は直線か曲線か？　何かまっすぐなものを当てて調べてみよう。

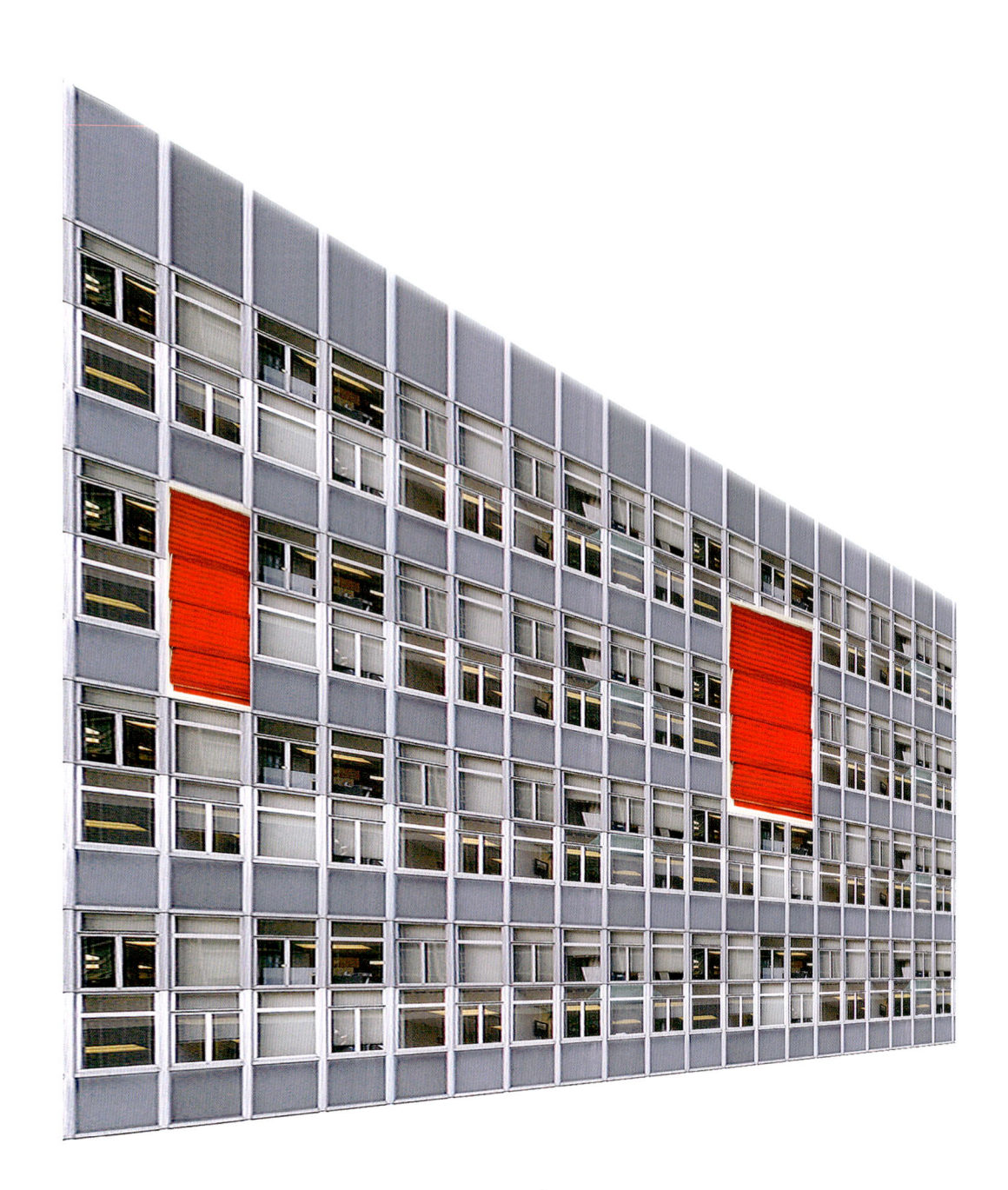

ジーン・レヴィン

同じブラインド 2011

赤いブラインドはどちらもまったく同じ大きさだ。

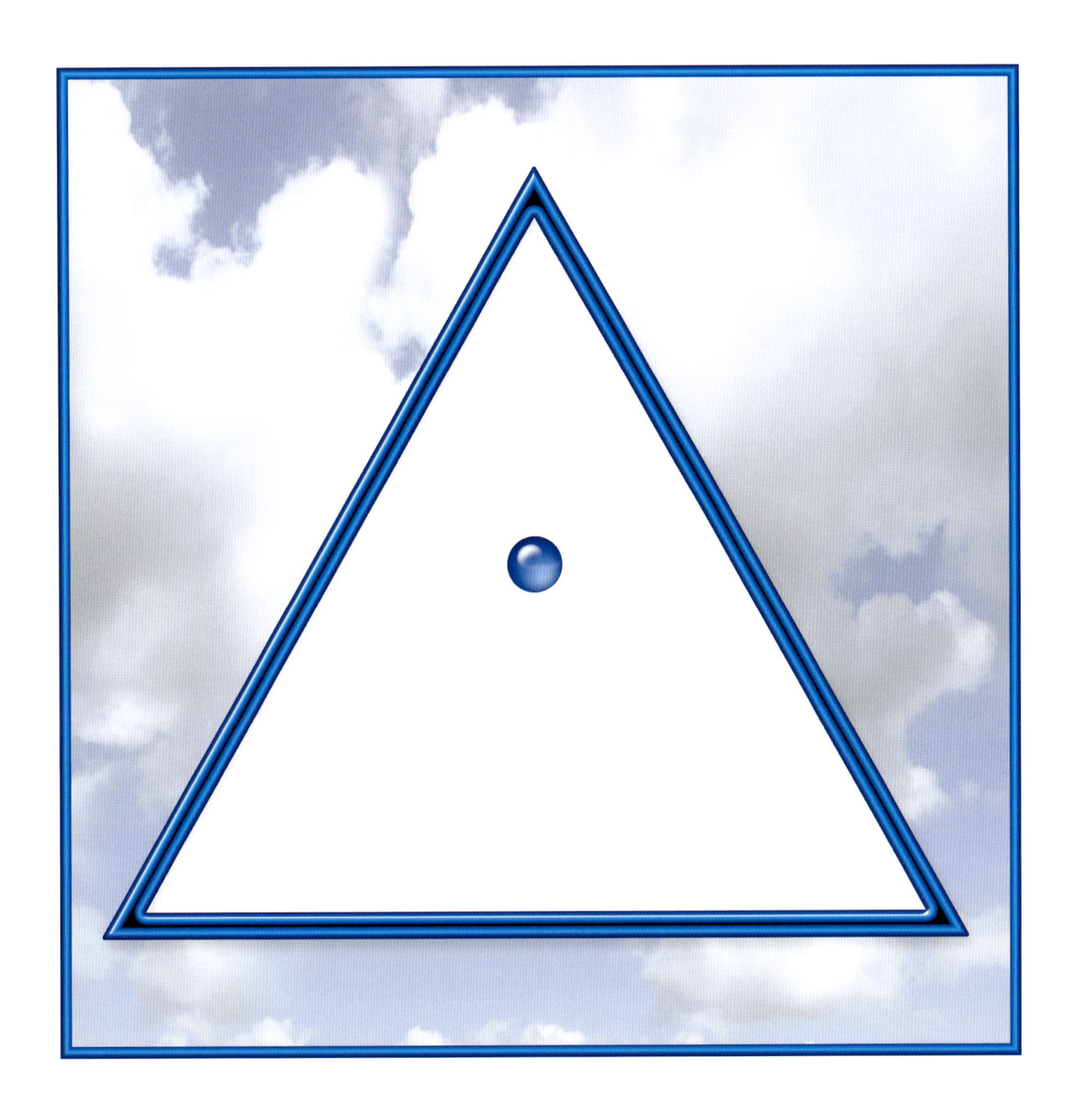

ジーン・レヴィン

三角形を使った高さの錯視　2011

青い点はこの三角形のちょうど中心にあるのだろうか？　点の上下の距離を測って確認してみよう。

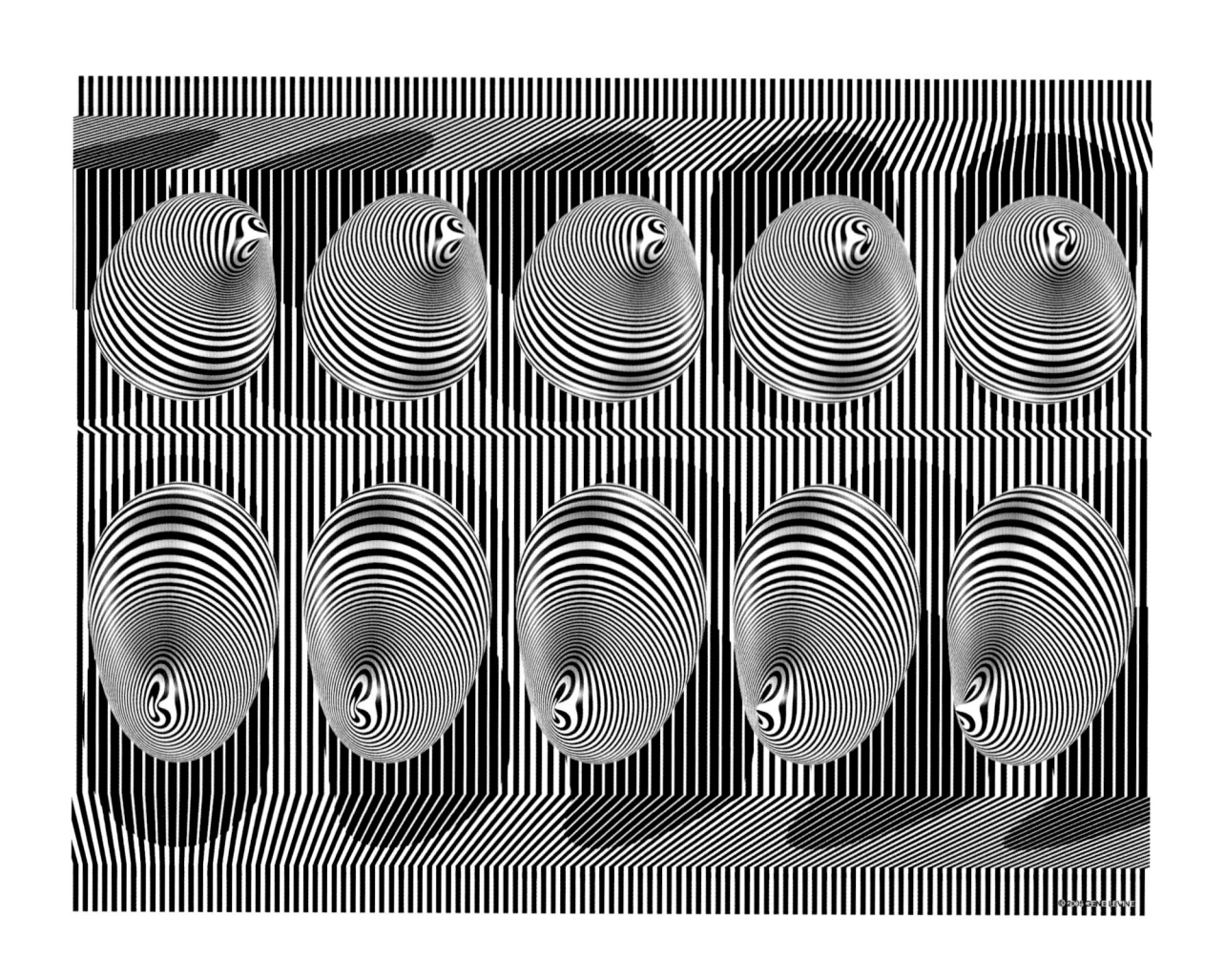

ジーン・レヴィン

涙の列　2005

この画像を見つめているうちに、縞模様の涙の粒が立体的に見えてくる。

アンドリュー・フリング

図地反転の盃　2009

あなたに見えるのは2人の顔、それとも盃だろうか？　この錯視は1900年代初頭にデンマークの心理学者エドガー・ルビンが初めて紹介したため、ルビンの顔と呼ばれることもある。

ワレンティン・ドゥビーニン

猫と犬　2010

絵を上下さかさまにすると猫が犬になる。

ワレンティン・ドゥビーニン

カモ猟　2010

絵を上下さかさまにすると猟師は鳥に、鳥は泳いでいる犬になる。

ワレンティン・ドゥビーニン

優しさと怒り　2010

絵を上下さかさまにすると、帽子と蝶ネクタイのほほえんでいる男性が眼鏡の怒った男性になる。

ワレンティン・ドゥビーニン

農夫と雄鶏　2010

絵を上下さかさまにすると、帽子をかぶったひげの農夫が皿の餌をついばむ雄鶏になる。

А. С. Пушкин

ワレンティン・ドゥビーニン

作家の肖像　2010

このファンタジーの世界にプーシキンの横顔が隠れている。

サミュエル・ハウス

ティルトシフトレンズによる通りの風景　2007

ミニチュアモデルのように見えるかもしれないが、これは本物の風景写真だ。デジタル処理によってミニチュア風に見せかけている。

PITTSBURGH ZOO
& PPG AQUARIUM

ピッツバーグ動物園

動物園のイリュージョン　1994

ピッツバーグ動物園のロゴマーク。木の他に何が見える？

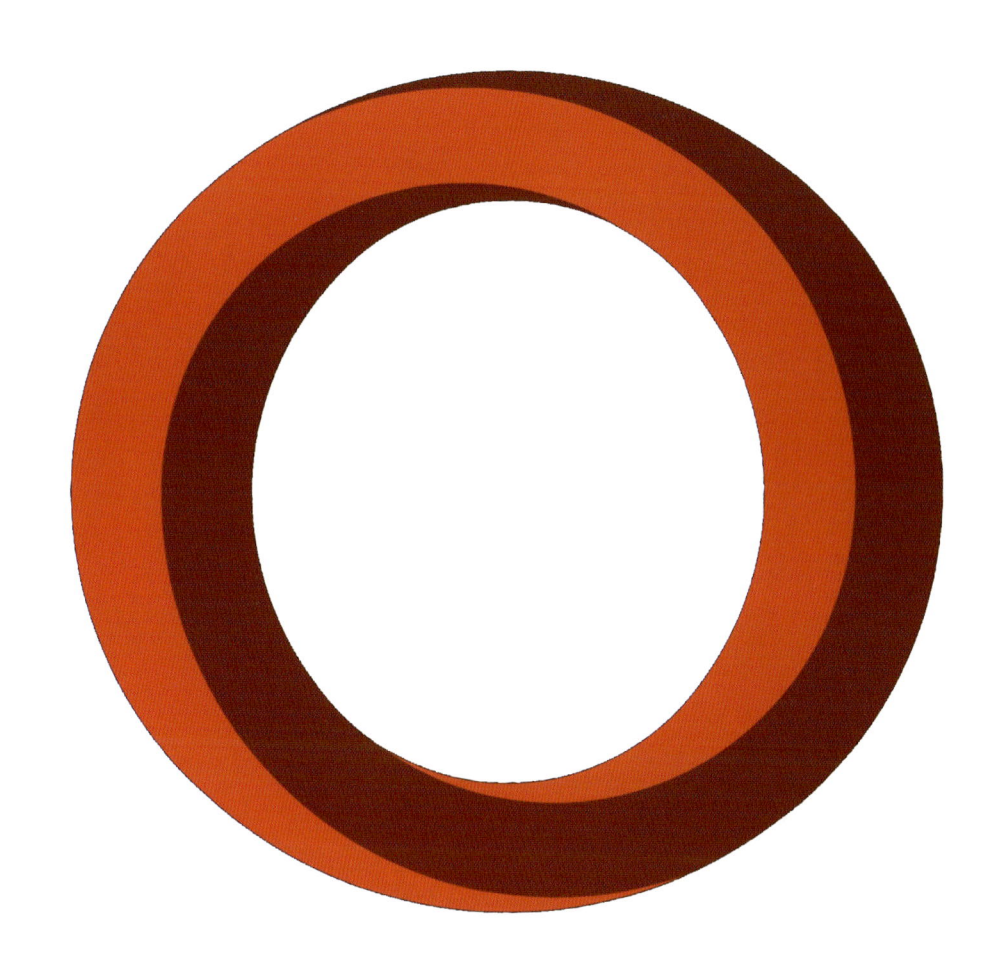

ホセ・マリア・イトゥラルデ

不可能な円　1972

ホセ・マリア・イトゥラルデ

不可能な四角形　1972

ホセ・マリア・イトゥラルデ

不可能図形　1973

ロバート・ファザウアー

3匹の魚 1994

このモザイク模様はそれぞれの魚の尾、背びれ、口の３カ所で回転対称をなしている。

ロバート・ファザウアー

変形するドラゴン　2003

絵の左側では白地に黒いドラゴンが、右側では黒地に白いドラゴンが見える。
中心部では白黒のドラゴンがモザイク状に重なり、背景は見えない。

ハンス・デ・ケーニッヒ

木の詩　2002

この不可能な物体は木だけでできている。厚みがあるように見えるがまったくの平らだ。
3種類の木材を組み合わせ、オイルとワックスで仕上げてある。

ジョス・レイス

3D30　2003

オスカー・ロイテルスバルドと M.C. エッシャーからインスピレーションを得た作品。

ジョス・レイス

エンジニアの悪夢（クローズアップ） 2003

不可能な階段が続くこの建物の建設を任されたエンジニアの幸運を祈る。

ポール・N・グレーチ

ベートーヴェン交響曲第五番　2003

ルードヴィヒ・ヴァン・ベートーヴェンのこの肖像画が何人でできているかわかるだろうか？

ウーナ・ライザネン

消えゆく円　2007

赤い点を見つめていると青い円が消えていく。

P・ルータス

岩に刻まれた顔　2004

岩に人の横顔が見える。この写真はアラスカ州コディアック島の西端ウヤク湾で、カヤックに乗って撮影したもの。

マーリン・ダンロップ
不可能ボトル　2007

どうやってボトルの中に入れたのだろう？　不可能ボトルが一般に知られるようになったのはマジシャンのハリー・エンのおかげだ。彼はボトルの口より大きなものを傷つけずに中に入れることで有名だった。彼のボトルにはコレクターが数千ドルで購入したものもある。

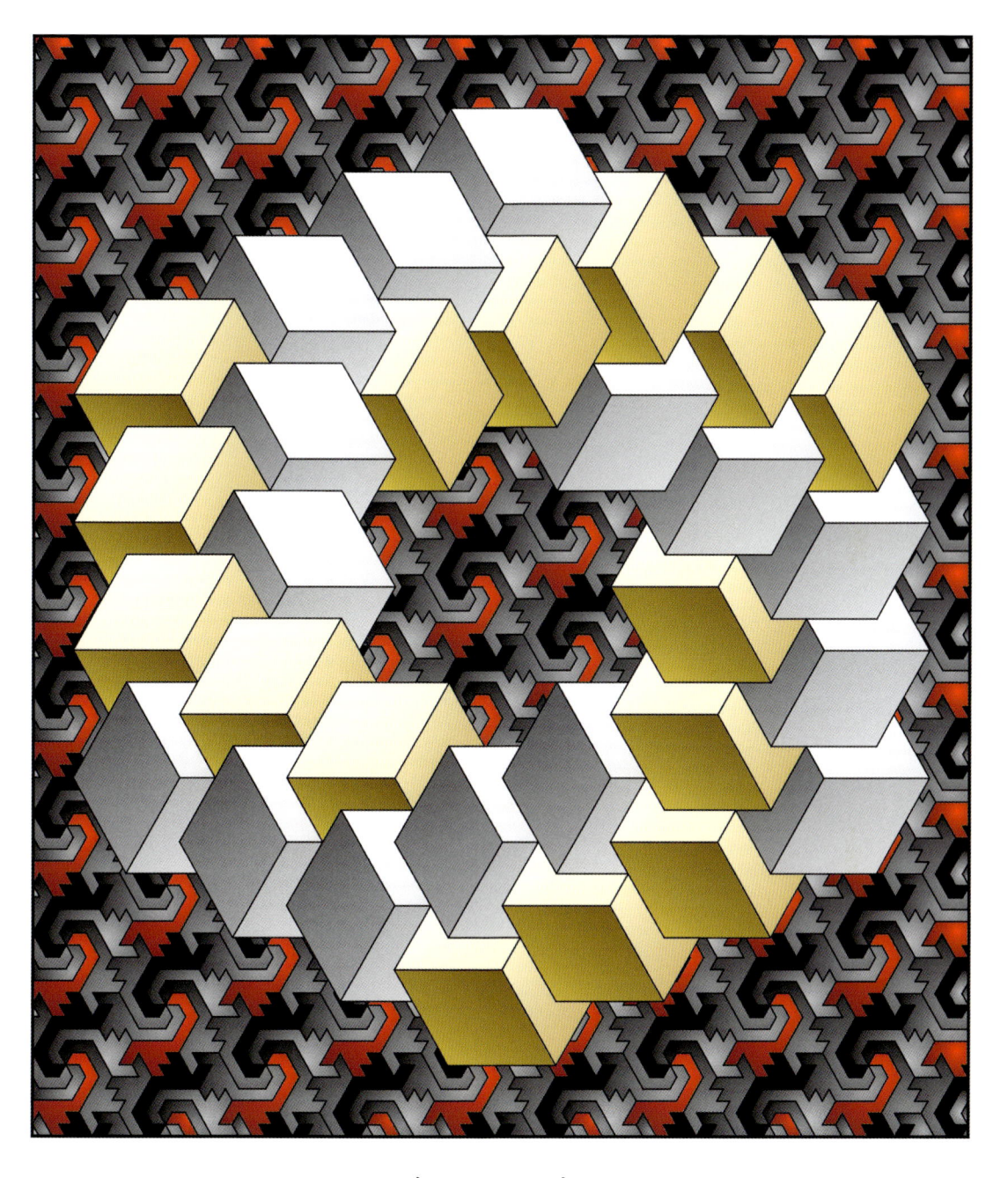

タマス・ファルカス

マジック・クリスタル VI FT　1976

タマス・ファルカス

矛盾する次元　VI IX　2010

タマス・ファルカス

次元の迷路　FT　2002

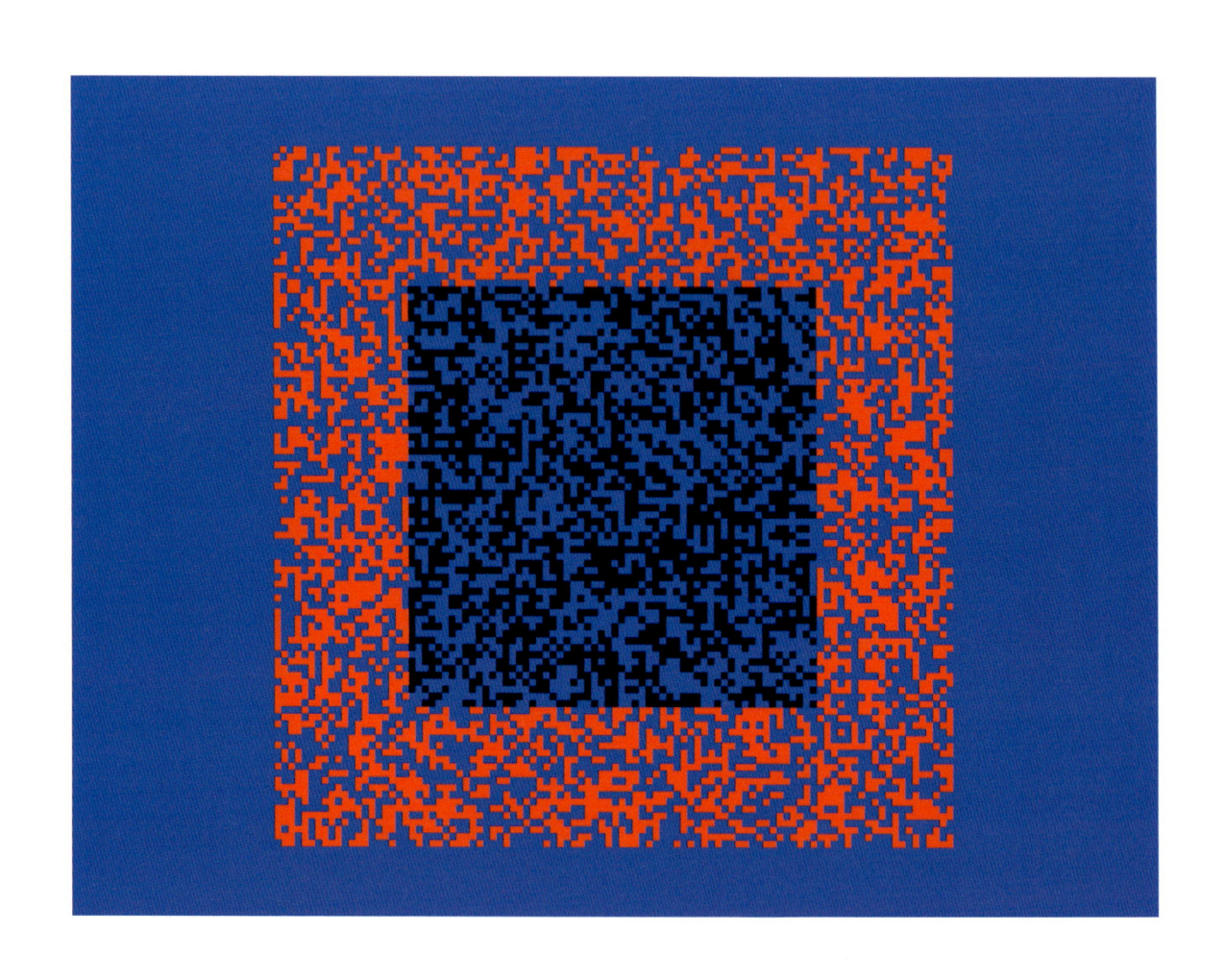

ジョスリン・フォーバート

色の濃さの錯視　1994

中央の四角内の青はそれ以外の部分の青よりも濃く見える。

___ニコラス・ウェイド___

レベッカ　1978

このフォト・グラフィック画像はペンとインクで描いたデザインと写真を組み合わせたものだ。遠くから見るか、目を細くして見ると若い女性がほほえんでいるのがわかる。1990年刊行の『Visual Allusions: Pictures of Perception（視覚による隠喩：感じとる写真）』に収録された作品。

ノーマン・パーカー

ストーン・サークル　1984

このストーン・サークルはどこかおかしい。この作品にはもうひとつタイトルがある。「石の錯視」だ。

ノーマン・パーカー

不可能な高架橋の習作　2007

一連の絵の中から高架橋が現れ、現実のものとなっているように見える。

リュボーフ・ニコラエヴァ

霧の立ちこめる朝　2003

リュボーフ・ニコラエヴァ

夢 2003

リュボーフ・ニコラエヴァ

オレーシャ　1992

枝葉の中に女性が隠れている。

ニール・ドーソン

地平線　2011

信じられないかもしれないが、これは鋼鉄を溶接して着色した本物の彫刻作品だ。ニュージーランドのカイパラの「農場」に置かれている。ある角度から見ると、1枚の紙がふわりと地面から浮かび上がろうとしているように見える。

モニカ・ブッフ

無題　1987

モニカ・ブッフ

無題 1984

モニカ・ブッフ

無題　2007

ヴィクトル・モレーフ

ヴィソツキー　2006
散らばった紙片の中に男性の肖像が隠れている。

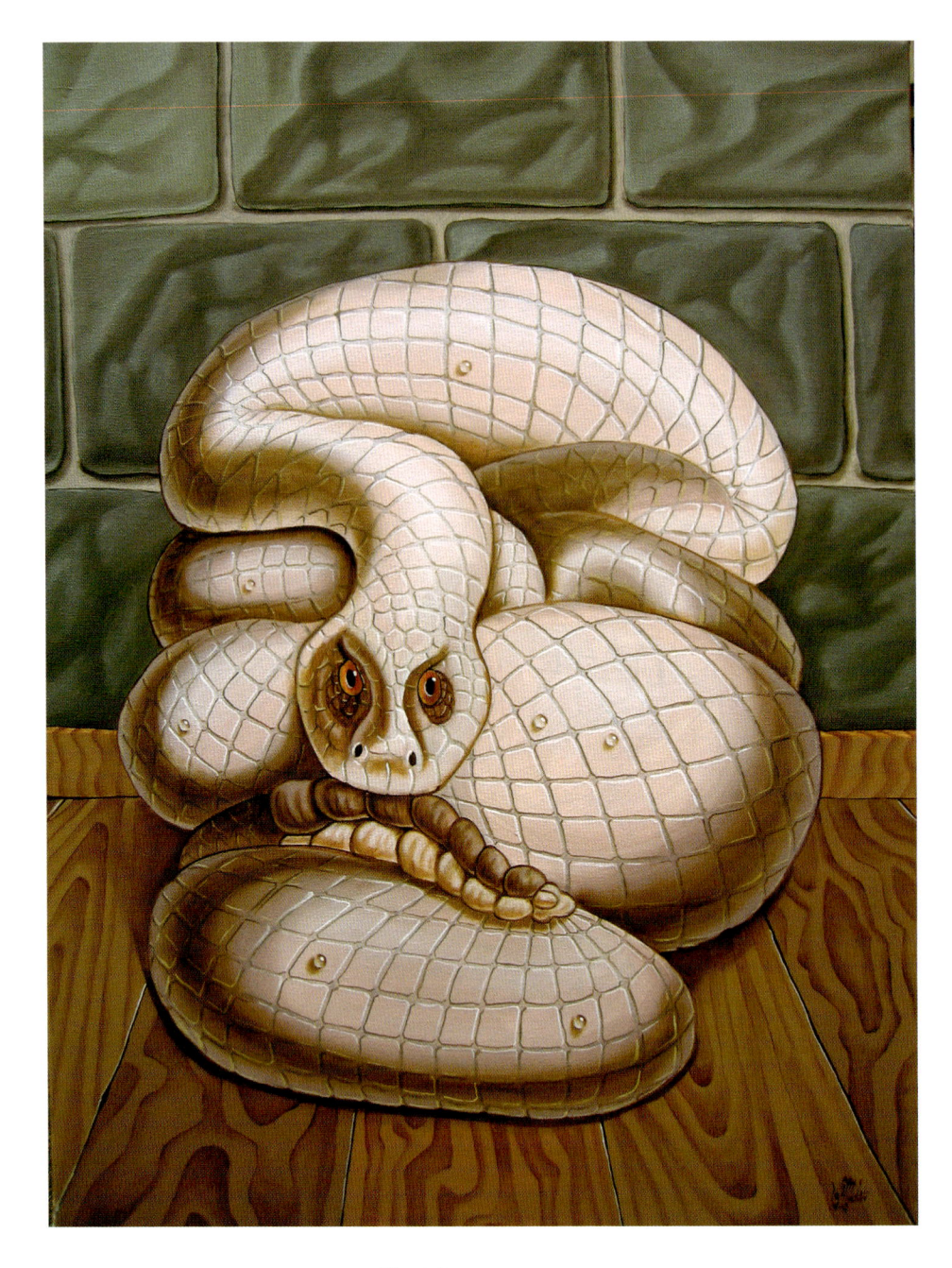

ヴィクトル・モレーフ

ヘビ 2007

一見すると、とぐろを巻いたヘビの絵にしか見えないが、顔が隠されているのがわかるだろうか？

ヴィクトル・モレーフ

モナリザ（水） 2007

このシーンにモナリザの肖像が見えるだろうか？

アラン・キング

不可能なトーテム　2006

直角をなす部分は中央の柱と不可能な形で交わっている。

アラン・キング

近日点（ロイテルスバルトに捧ぐ作品Ⅲ）　2007

床に作られた不可能な窓はオスカー・ロイテルスバルトに捧げられたものだ。不可能な図形の父と言われるロイテルスバルトは、生前このようなイリュージョンを数多く制作していた。

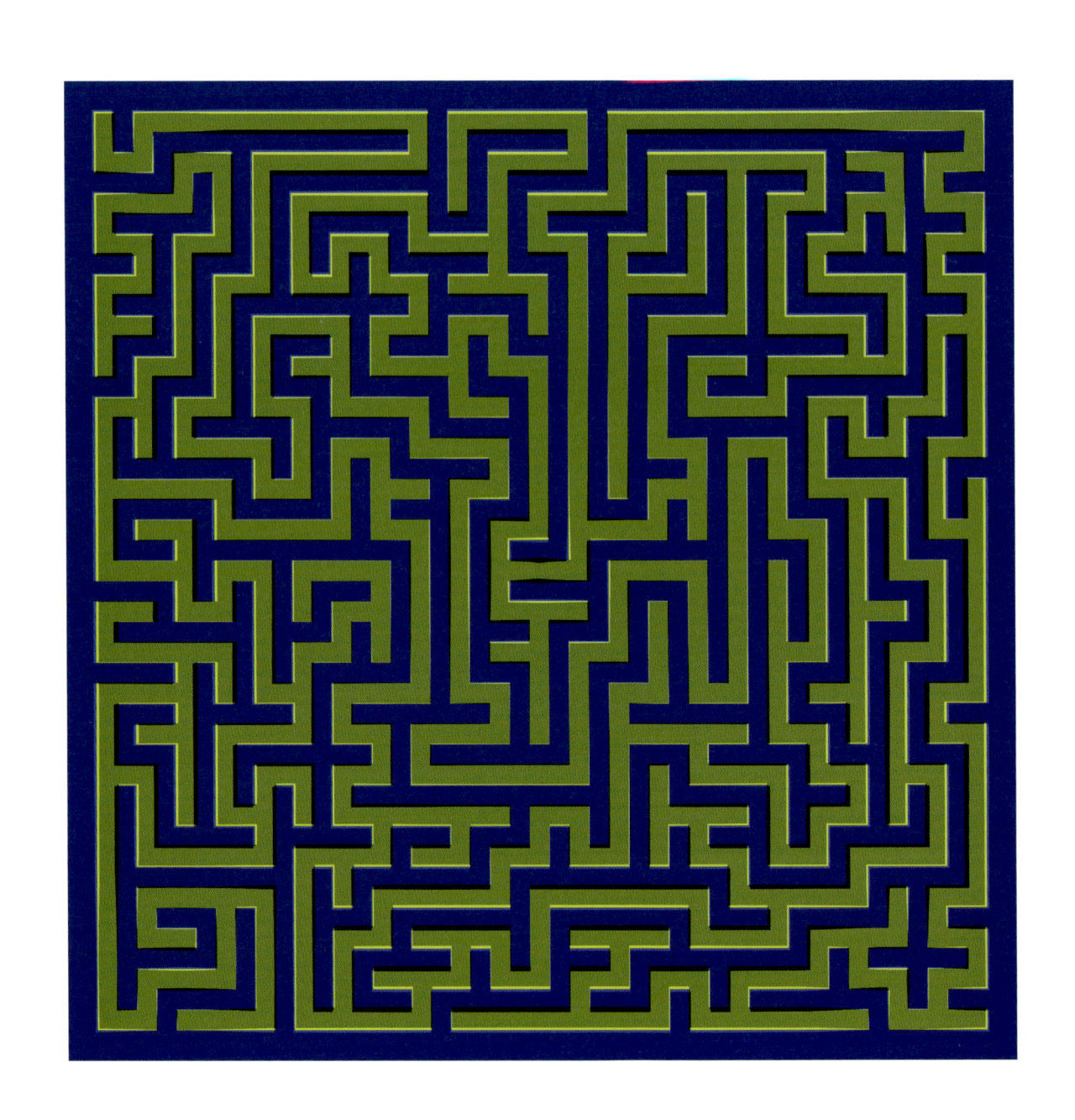

ポール・ナスカ

動く迷路　2010

見つめているうちに迷路が動いているように思えてこないだろうか？

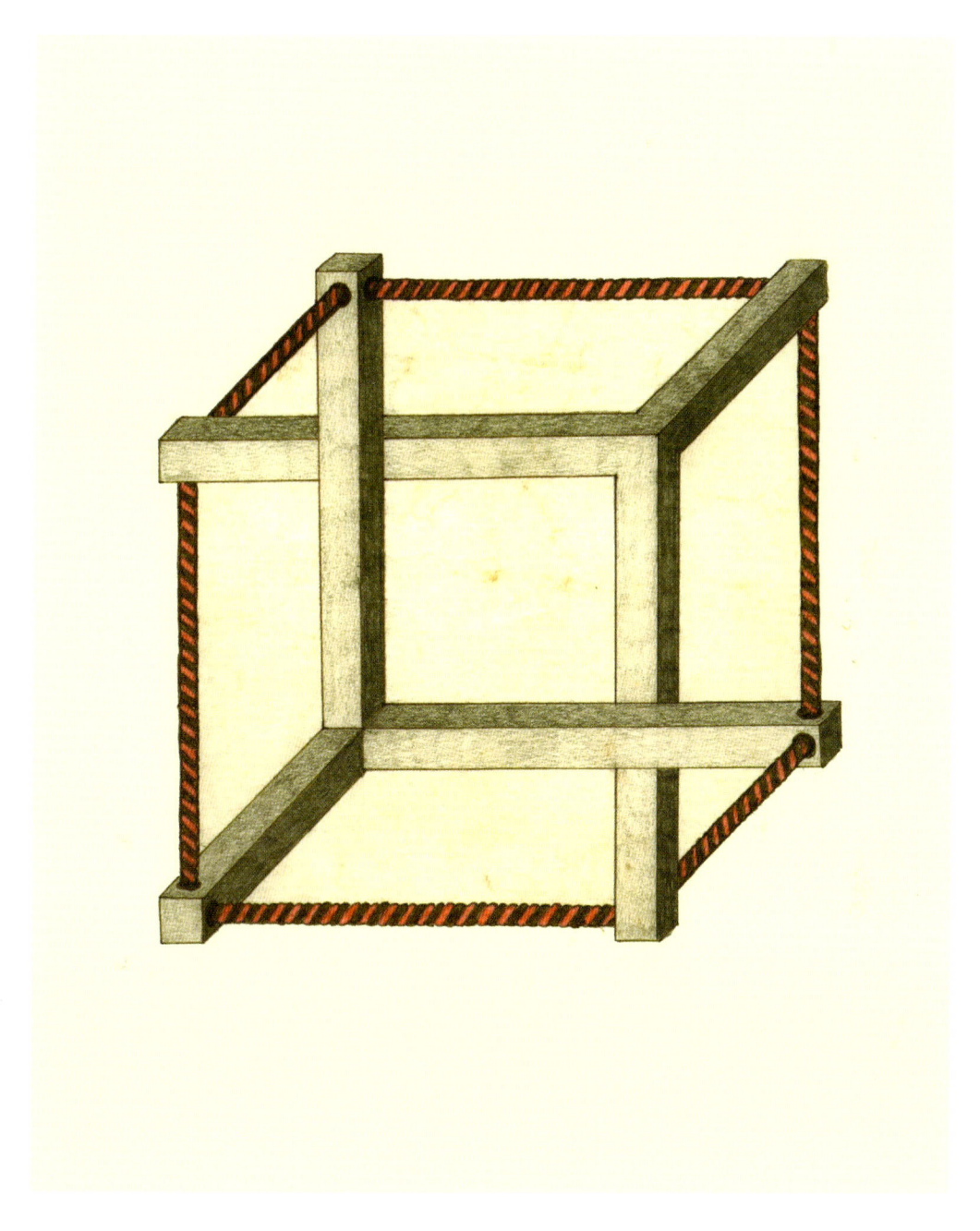

ドミトリー・ラコフ

テッセラ　1999

立方形のようだが、よく見ると違う。これを作るのは物理的に不可能だ。

ホアキム・アルベス・ガスパール

写真家　1970

写真の男性はこちらに向かっているのか、それとも歩み去ろうとしているのだろうか？

ウィリアム・ホガース

不合理に満ちた遠近法　1754

この絵には遠近法上の問題がいくつも仕込まれている。あなたはすべて見つけられるだろうか？

ジャンニ・A・サルコーネ

曲芸をする少女　2002

天井からつり下げられた不可能な構造物で曲芸を披露する少女。

ジャンニ・A・サルコーネ

たそがれ時の顔　2004

夕闇に包まれた海を月が照らしている。その風景の中に美しい顔が見える。

ジャンニ・A・サルコーネ

揺れるオプティカル・イリュージョン　1999

見つめていると画像が揺れる、または脈打つように感じられる。

ジャンニ・A・サルコーネ

クリスマス・ライト・イリュージョン　2001

緑と黄色の曲線が前後に揺れ、点滅しているように見える。

ジャンニ・A・サルコーネ
曖昧な女性　2007
影に隠されているこの女性はどちらを向いているのだろう？

ジャンニ・A・サルコーネ

パリのもうひとつの顔　1998

エッフェル塔の下に顔が隠れているのがわかるだろうか？

スコット・ブレイク

バーコード・マリリン・モンロー 2008

このマリリン・モンローの肖像画は彼女が主演したさまざまな映画のバーコードでできている。

エリク・ミンネマ

隣り合わせ？ 2009

オランダの物理学者で教師でもあるブルーノ・エルンストの独創的なアイデアを下敷きにした本物の不可能な物体。

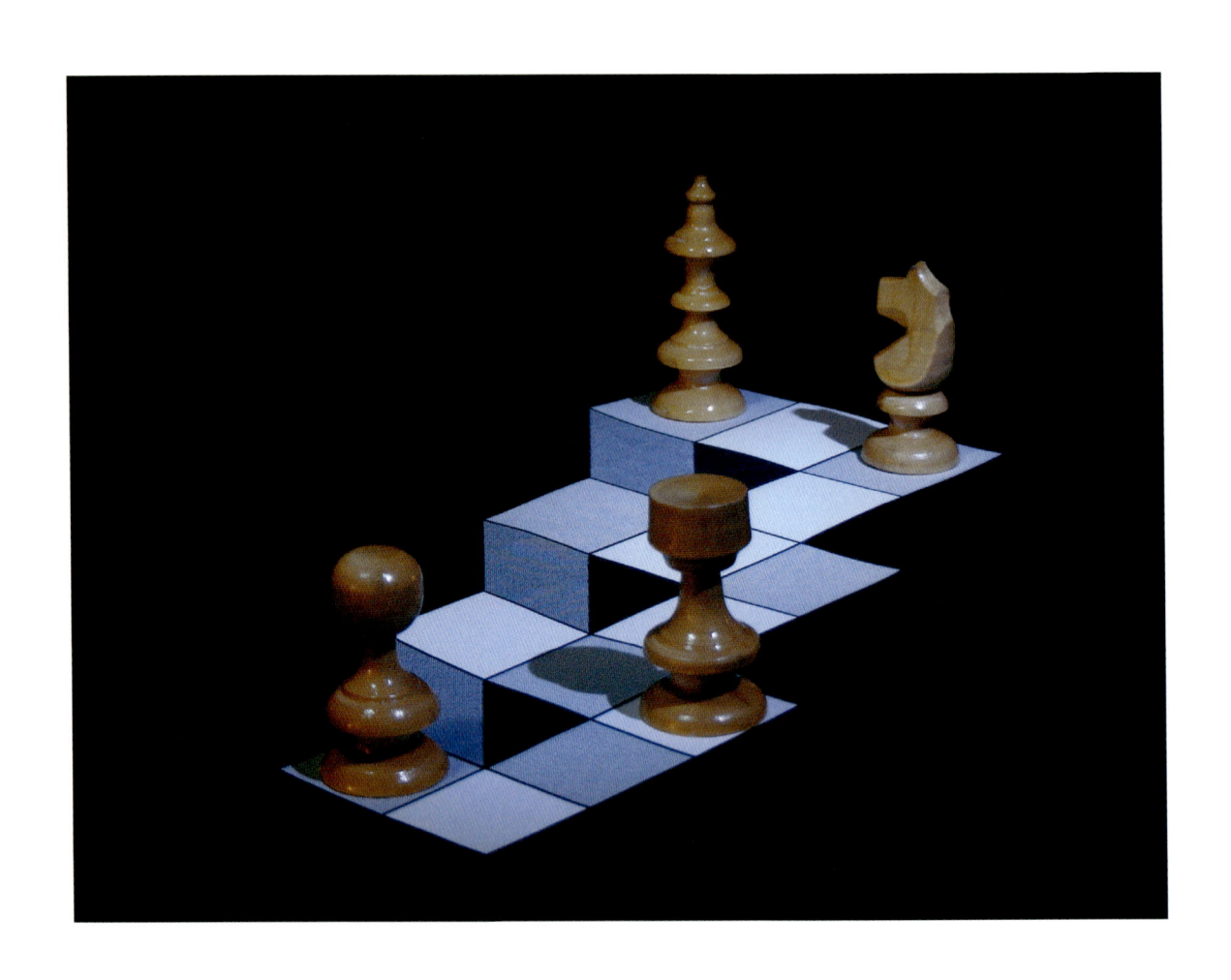

エリク・ミンネマ

トップへの道　2008

この不可能なチェス盤の左側は段になっているように見えるが、右側はまったくの平らだ。

フレッド・エルデケンス

God / Ego　1990

この物体に当てる光の方向により、2つの異なる単語が影として映し出される。

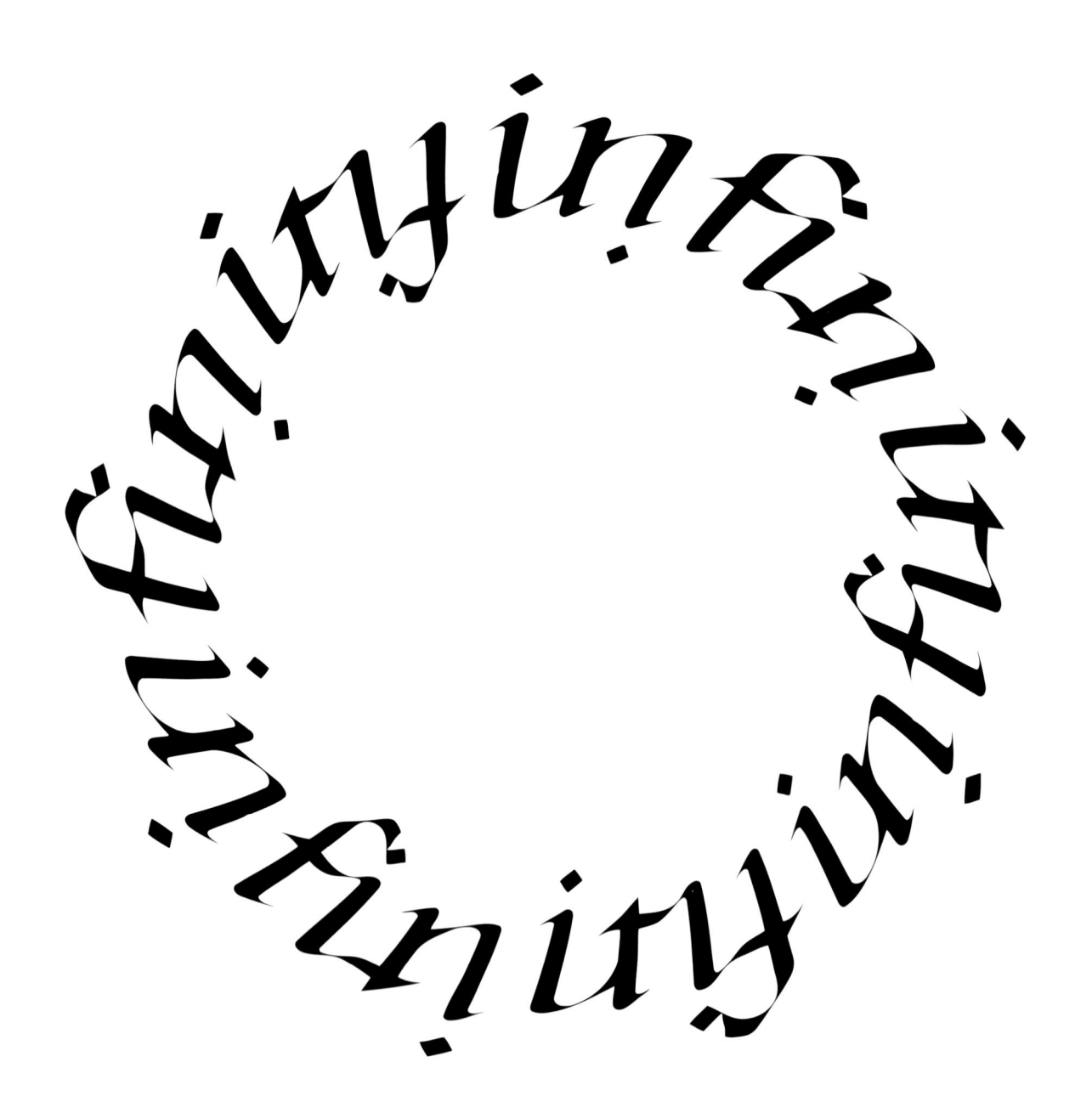

スコット・キム

無限の環　1981

この環を目で追うと無限（infinity）という単語が無限に繰り返される。

スコット・キム

相乗効果　1981

文字をベースにしたこのモザイク模様は、相乗効果（synergy）という単語が2つの軸を中心に繰り返されている。
読む方向によってSはYに、EはRになる。

スコット・キム

Communication　1981

ハイフンでつないだこの単語は上下さかさまに読んでも同じに見える。

スコット・キム

Swords から Plowshares へ　1992

刀（SWORDS）が徐々に鋤の刃（PLOWSHARES）へと変形していく。

スコット・キム

Joy to the world　1985

上下さかさにしても同じに読めるこの作品は、もともと家族のクリスマスカード用に作ったものだ。角度のある文字を作るために、キムは工作用紙を切り抜き、それをトレースしてコンピューターに取りこんだ。

シド・マニオン

不可能なフォーク　1997

このフォークはどこかが変だ。写真家のシド・マニオンはこの作品でニュージーランドの写真コンテストで第1位に選ばれた。

ディック・タームズ

木々の二度目のチャンス　1976

枯れ木の影が生きている木々に新たな命を見出した。

ディック・タームズ

頭 1987

どちらの男性の頭か？

ディック・タームズ

第六感 1993

タームズは平らなキャンバスよりも球に描くことが多い（次ページの作品もそうだ）。どの球もひとつの完結した世界や環境を表す完全に閉じた宇宙だ。空間のある旋回点から見える世界を上下左右くまなく描き出している。

ディック・タームズ

立方体の宇宙　2010

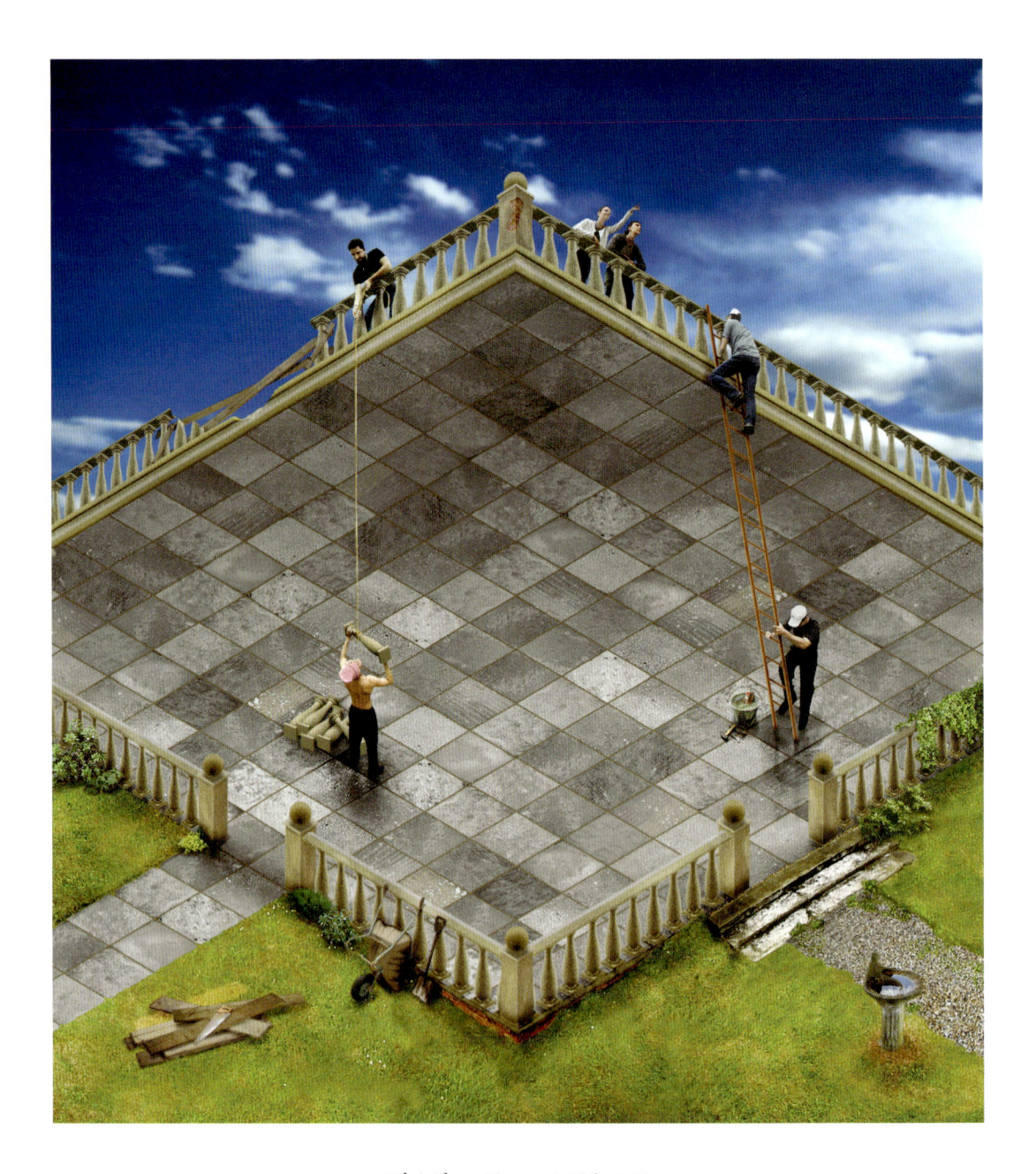

デイヴィッド・マクドナルド

テラス　1998

独創的な職人デイヴィッド・マクドナルドの最も知られている作品で、サンドロ・デル＝プレーテの「折れ曲がったチェス盤」を模倣したもの。

デイヴィッド・マクドナルド
「Science & Vie」誌の表紙　2008
フランスの若者向けの科学雑誌のために作られたもので、ペンローズの三角形を下敷きにしている。

デイヴィッド・マクドナルド
鏡の向こう側　2010

2人の若い女性が階段を上ってすれ違う。お互い同時に鏡を見ているのだろうか？

デイヴィッド・ドリー

隠された群　2007

砂丘に4頭のイルカが隠れている。

デイヴィッド・ドリー

スピリット・ハンター　2011

満月が輝く夜、鷲の生命力が超現実的な砂丘をゆく蛇へと舞い降りる。

イェンス・マルムグレン

4つの箱　2011

ここに描かれている4つの箱はそれぞれ独自の不可能さを備えている。

エピローグ　Epilogue

　ぼくは本書の著者テリー・スティッケルズとその作品の大ファンだ。創造的思考に関するセミナーの参加者たちに知的挑戦をしかけるとき、ぼくは彼の本やパズル、新聞のコラムをよく使わせてもらっている。だからこの本の完成が待ち遠しかった。ついに刊行されることになって、「とてもうれしい」などという言葉では、ぼくの気持ちは言い尽くせない。

　この本は錯視が人の想像力をいかにかきたてるかを示すとても美しい証だ。錯視作品を見ていて別の見方や矛盾に気づいたとき、新たな現実が見る人の想像の中に入ってくる。同時に気づくこともあれば、順に気づいていくこともある。錯視は人の知覚能力を呼び覚ます。ぼくたちは見慣れているものをじっくり見なくなっている。錯視は見慣れた光景に揺さぶりをかける。そしてぼくたちは魔法にかけられたように、新たな意味をそこに見出すのだ。

　じっくり見るのとなんとなく見るのとでは、見えるものが大きく異なる場合がある。ある場面を眺めるとき、人はそれを受動的に受け止め、記憶するだけだが、場面を深く見つめるとき、人は積極的に感じとり、想像を働かせてその場面を別の形で心の中に組み立てていく。

　たとえばM.C.エッシャーの作品など、本書に収められている多くの錯視芸術は、最初に目に入ってくるものとは異なるものを秘めている。見る者は深く見つめざるを得ない。アーティストが気づいてもらいたいと思っているものに気づけたときの喜びは、手品の最後にあめ玉が出てきたときのあの嬉しさそのものだ。

マイケル・マハルコ
『アイデア・バイブル』の著者

❖P.5　パズルの答え
正方形はいくつある？
答え：17

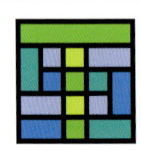

❖P.141-144　隠れているものの答え（両眼立体視：オートステレオグラム）

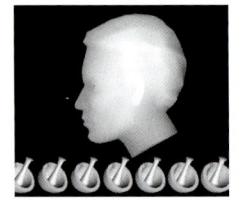

図画版権 Image Credits

6ページ：Public domain image (左上); Copyright Rafal Olbinksi (右上), image courtesy of Patinae, Inc., www.patinae.com; M.C. Escher's "Relativity"(左下) Copyright 2011 The M.C. Escher Company-Holland, all Rights reserved, www.mcescher.com; Copyright Jos Leys (右下)

7ページ：Copyright Rob Gonsalves (左上), image courtesy of Huckleberry Fine Art, www.huckleberryfineart.com; Copyright Octavio Ocampo (右上), image courtesy of Visions Fine Art, www.visionsfineartcom; Copyright István Orosz (左下); sculpture by Neil Dawson (右下), photograph courtesy of David Hartley

8ページ：Copyright John Langdon (左上); Copyright Valentine Dubinin (右上); Copyright István Orosz (左下); Copyright David Macdonald (右下)

9ページ：Copyright Christopher Duffy (左); Courtesy of Frederick Kingdom, Elena Gheorghiu, and Ali Yoonessi, McGill University (右)

10ページ：Copyright Rob Gonsalves; image courtesy of Huckleberry Fine Art, www.huckleberryfineart.com

11ページ：Copyright Gianni A. Sarcone, www.archimedes-lab.org, Italy

12ページ：Public domain image

13ページ：Public domain image

14ページ：Courtesy of www.oldpostcards.com and www.ustownviews.com

15-16ページ：Copyright Scott Kim

17ページ：Courtesy of Paul Nasca

20-25ページ：Copyright Octavio Ocampo; image courtesy of Visions Fine Art, www.visionsfineart.com

26-28ページ：Copyright Rafal Olbinksi; images courtesy of Patinae, Inc., www.patinae.com

29-32ページ：M.C. Escher's"Development II", "Balcony", "Symmetry Drawing E11", and"Relativity" Copyright 2011 The M.C. Escher Company-Holland, all rights reserved, www.mcescher.com

33-35ページ：Ray Massey (photography), AGA (advertising agency), Ecclesiastical (client), Tom West (art director)

36-39ページ：Copyright widow of Jos de Mey

40ページ：Courtesy of D. Alan Stubbs and Simone Gori

41-50ページ：Copyright István Orosz

51-52ページ：Copyright Manfred Stader

53-57ページ：Copyright John Langdon

58ページ：Copyright Ryota Kanai

59-62ページ：Copyright Catherine Palmer

63-66ページ：Copyright Ken Knowlton

67ページ：Copyright Walter Anthony

68-69ページ：Courtesy of www.oldpostcards.com and www.ustownviews.com

70ページ：Public domain image

71ページ：Copyright Jim Warren

72-75ページ：Copyright André Martins de Barros

76-77ページ：Copyright Stanford Slutsky

78ページ：M. Schrauf, B. Lingelbach, E.R. Wist (1997); redrawn by Akiyoshi Kitaoka (2007) for Visiome

79ページ：Copyright Akiyoshi Kitaoka

80-81ページ：Copyright Jerry Downs

82ページ：Courtesy of Edward H. Adelson

83ページ：Copyright Elena Moskaleva

84-85ページ：Copyright Arvind Narale

86-87ページ：Copyright John Pugh

88-93ページ：Copyright Chow Hon Lam, aka Flying Mouse

94-96ページ：Copyright Andreas Aronsson

97-98ページ：Copyright Judy Larson

99ページ：Copyright Hop David

100-101ページ：Copyright Mathieu Hamaekers

102ページ：Copyright Hop David

103ページ：Copyright Robin Reithmayr

104ページ：Copyright JD. Hillberry

105ページ：Copyright Jaime Vives Piqueres

106ページ：Copyright David Swart

107ページ：Courtesy of Frederick Kingdom, Elena Gheorghiu, and Ali Yoonessi, McGill University

108-111ページ：Copyright Sandro Del-Prete

112-113ページ：Copyright Simon C. Page

114-129ページ：Copyright Rob Gonsalves; images courtesy of Huckleberry Fine Art, www.huckleberryfineart.com

130-136ページ：Copyright Daniel Picon

137-139ページ：Copyright Vicente Meavilla

140ページ：Copyright Christopher Duffy

141-150ページ：Copyright Gene Levine

151ページ：Copyright Andrew Fling

152-156ページ：Copyright Valentine Dubinin

157ページ：Copyright Samuel House

158ページ：Courtesy of Pittsburgh Zoo

159-161ページ：Copyright José María Yturralde

162-163ページ：Copyright Robert Fathauer

164ページ：Copyright Hans de Koning

165-166ページ：Copyright Jos Leys

167ページ：Copyright Paul N. Grech

168ページ：Courtesy of Oona Raisanen

169ページ：Copyright P. Lutus

170ページ：Copyright Merlin Dunlop

171-173ページ：Copyright Tamás Farkas

174ページ：Copyright Jocelyn Faubert

175ページ：Copyright Nicholas Wade

176-177ページ：Copyright Norman Parker

178-180ページ：Copyright Lubov Nikolaeva

181ページ：Sculpture by Neil Dawson; photograph courtesy of David Hartley

182-184ページ：Copyright Monika Buch

185-187ページ：Copyright Victor Molev

188-189ページ：Copyright Alan King

190ページ：Courtesy of Paul Nasca

191ページ：Copyright Dmitry Rakov

192ページ：Courtesy of Joaquim Alves Gaspar/Wikimedia Commons

193ページ：Public domain image

194-199ページ：Copyright Gianni A. Sarcone, www.archimedes-lab.org, Italy

200ページ：Copyright Scott Blake

201-202ページ：Copyright Erik Minnema

203ページ：Copyright Fred Eerdekens

204-208ページ：Copyright Scott Kim

209ページ：Copyright Syd Mannion, Auckland, New Zealand photographer

210-213ページ：Copyright Dick Termes

214-216ページ：Copyright David Macdonald

217-218ページ：Copyright David Dory

219ページ：Copyright Jens Malmgren

220ページ：Copyright Gene Levine (最下部4点)

224ページ：Copyright Jens Malmgren; additional graphic manipulation provided by Gary W. Priester

221

索引　Index

【ア行】

アルチンボルド、ジュゼッペ
Arcimboldo, Giuseppe　　12, 13

アデルソン、エドワード
Adelson, Edward　　82

アロンソン、アンドレアス
Aronsson, Andreas　　94-96

アンソニー、ウォルター
Anthony, Walter　　67

イトゥラルデ、ホセ・マリア
Yturralde, Jose Maria　　159-161

ウィスト、E・R
Wist, E.R.　　78

ウェイド、ニコラス
Wade, Nicholas　　175

ウォザースプーン、ジョージ・A
Wotherspoon, George A.　　13, 14

ウォレン、ジム
Warren, Jim　　71

エッシャー、M.C.
Escher, M.C.　　29-32

エルデケンス、フレッド
Eerdekens, Fred　　203

オカンポ、オクタビオ
Ocampo, Octavio　　20-25

オルビンスキ、ラファル
Olbinski, Rafal　　26-28

オロス、イシュトバン
Orosz, Istv　　41-50

【カ行】

ガスパール、ホアキム・アルベス
Gaspar, Joaquim Alves　　192

金井良太
Kanai, Ryota　　58

北岡明佳
Kitaoka, Akiyoshi　　79

キム、スコット
Kim, Scott　　204-208

キング、アラン
King, Alan　　188, 189

キングドム、フレッド
Kingdom, Fred　　107

グレーチ、ポール・N
Grech, Paul N.　　167

ケーニッヒ、ハンス・デ
Koning, Hans de　　164

ゴリ、シモーヌ
Gori, Simone　　40

ゴンサルヴェス、ロブ
Gonsalves, Rob　　114-129

【サ行】

サルコーネ、ジャンニ・A
Sarcone, Gianni A.　　194-199

シュターダー、マンフレッド
Stader, Manfred　　51, 52

シュラウフ、M
Schrauf, M.　　78

スタッブス、D・アラン
Stubbs, Alan D.　　40

スラツキー、スタンフォード
Slutsky, Stanford　　76, 77

スワルト、デイヴィッド
Swart, David　　106

【タ行】

ダ・ヴィンチ、レオナルド
Da Vinci, Leonardo　　12

ターメズ、ディック
Termes, Dick　　210-213

ダウンズ、ジェリー
Downs, Jerry　　80, 81

ダフィー、クリストファー
Duffy, Christopher　　140

ダリ、サルバドール
Dali, Salvador　　12, 14

ダンロップ、マーリン
Dunlop, Merlin　　170

デイヴィッド、ホップ
David, Hop　　99, 102

デル=プレーテ、サンドロ
Del-Prete, Sandro　　108-111

ドゥビーニン、ワレンティン
Dubinin, Valentine　　152-156

ドーソン、ニール
Dawson, Neil　　181

ドリー、デイヴィッド
Dory, David　　217, 218

【ナ行】

ナスカ、ポール
Nasca, Paul　　190

ナラール、アーヴィンド
Narale, Arvind　　84, 85

ニコラエヴァ、リュボーフ
Nikolaeva, Lubov　　178-180

ニューウェル、ピーター
Newell, Peter　　15

ノールトン、ケン
Knowlton, Ken　　63-66

【ハ行】

パーカー、ノーマン
Parker, Norman　　176, 177

パーマー、キャサリン
Palmer, Catherine　　59-62

ハウス、サミュエル
House, Samuel　　157

ハマーケルス、マチュー
Hamaekers, Mathieu　　100, 101

バロス、アンドレ・マルタン・デ
Barros, Andre Martins de　　72-75

ピケレス、ハイメ・ビベス
Piqueres, Jaime Vives　　105

ピコン、ダニエル
Picon, Daniel　　130-136

ピッツバーグ動物園
Pittsburgh Zoo　　158

ピュー、ジョン
Pugh, John　　86, 87

ヒルベリー、J・D
Hillbery, J.D.　　104

ファザウアー、ロバート
Fathauer, Robert　　162, 163

ファルカス、タマス
Farkas, Tamas　　171-173

フォーバート、ジョスリン
Faubert, Jocelyn　　174

ブッフ、モニカ
Buch, Monika　　182-184

フリング、アンドリュー
Fling, Andrew　　151

ブレイク、スコット
Blake, Scott　　200

ペイジ、サイモン・C
Simon C.　　113

ホガース、ウィリアム
Hogarth, William　　193

ホフスタッター、ダグラス・R
Hofstadter, Douglas R.　　15

【マ行】

マクドナルド、デイヴィッド
Macdonald, David　　214-216

マッセイ、レイ
Massey, Ray　　33-35

マニオン、シド
Mannion, Syd　　209

マルムグレン、イェンス
Malmgren, Jens　　219, 224

ミンネマ、エリク
Minnema, Erik　　201, 202

メアビーリャ、ビセンテ
Meavilla, Vicente　　137-139

メイ、ヨス・デ
Mey, Jos de　　36-39

モスカレヴァ、エレーナ
Moskaleva, Elena　　83

モレーフ、ヴィクトル
Molev, Victor　　185-187

【ラ行】

ラーソン、ジュディ
Larson, Judy　　97, 98

ライザネン、ウーナ
Raisanen, Oona　　168

ラコフ、ドミトリー
Rakov, Dmitry　　191

ラム、チョウ・ホン
Lam, Chow Hon　　88-93

ラングドン、ジョン
Langdon, John　　53-57

リースマイヤー、ロビン
Reithmayr, Robin　　103

リンゲルバッハ、B
Lingelbach, B.　　78

ルータス、P
Lutus, P.　　169

レイス、ジョス
Leys, Jos　　165, 166

レヴィン、ジーン
Levine, Gene　　141-150

【著者】ブラッド・ハニーカット　*Brad Honeycutt*
ウェブ技術者で錯視マニア。ミシガン州デトロイト在住。小学生のころから錯視に魅せられる。錯視を扱った人気サイト www.eyetricks.com を10年以上運営。個人サイト www.bradhoneycutt.com

【著者】テリー・スティッケルズ　*Terry Stickels*
パズルデザイナー。「脳力」を鍛える本を25冊以上出版。テキサス州フォートワース在住。全国の新聞社に同時配信されている3つのコラムを連載中。「フレームゲーム」と「スティックドク」はUSAウィークエンド・マガジンによって、「スティッケラーズ」はキング・フィーチャーズ社によって200紙以上の日刊紙に配信されている。個人サイト www.terrystickels.com

【訳者】北川玲（きたがわ れい）
翻訳家。訳書に『暗殺の歴史』『天才科学者のひらめき36』『CIA極秘マニュアル』『インフォグラフィックで見る138億年の歴史』（創元社）など多数。

錯視芸術図鑑
――世界の傑作200点

2014年7月20日第1版第1刷　発行
2023年5月20日第1版第3刷　発行

著　者	ブラッド・ハニーカット、テリー・スティッケルズ
訳　者	北川　玲
発行者	矢部敬一
発行所	株式会社 創元社

https://www.sogensha.co.jp/
本社　〒541-0047 大阪市中央区淡路町4-3-6
Tel.06-6231-9010　Fax.06-6233-3111
東京支店　〒101-0051 東京都千代田区神田神保町1-2 田辺ビル
Tel.03-6811-0662

組版・装丁	寺村隆史
印刷所	株式会社ムーブ

©︎ 2014, Printed in Japan
ISBN978-4-422-70077-9 C0071

本書を無断で複写・複製することを禁じます。
落丁・乱丁のときはお取り替えいたします。

JCOPY〈出版者著作権管理機構 委託出版物〉
本書の無断複製は著作権法上での例外を除き禁じられています。複製される場合は、そのつど事前に、出版者著作権管理機構（電話 03-5244-5088、FAX03-5244-5089、e-mail: info@jcopy.or.jp）の許諾を得てください。

イェンス・マルムグレン

不可能なエンディング　2011

良きことはすべて不可能な終わりを迎えるべきだ。